LOCUS

LOCUS

LOCUS

LOCUS

catch

catch your eyes：catch your heart：catch your mind……

catch 291

宛轉人生向前看

作　　　者	宛宛兒
責 任 編 輯	江文萱
文字採訪整理	蔡蜜綺
美 術 設 計	許慈力
封 面 攝 影 & 部分內頁攝影	Fatty（Yukanna_Space）
化 妝 髮 型	楊庭 Vanessa

出 版 者　大塊文化出版股份有限公司
　　　　　105022 台北市松山區南京東路四段 25 號 11 樓
　　　　　www.locuspublishing.com
　　　　　locus@locuspublishing.com
服 務 專 線　0800-006-689
電　　　話　02-87123898
傳　　　真　02-87123897
郵政劃撥帳號　18955675
戶　　　名　大塊文化出版股份有限公司
法 律 顧 問　董安丹律師、顧慕堯律師
　　　　　版權所有 侵權必究

總 經 銷　大和書報圖書股份有限公司
　　　　　新北市新莊區五工五路 2 號
電　　　話　02-89902588
傳　　　真　02-22901658

初 版 一 刷　2022 年 11 月
定　　　價　420 元
I　S　B　N　978-626-7206-13-3

轉宛
人生

Turn Your Life Around

向 前 看

從 洗 頭 妹 到 坐 擁
百 萬 粉 絲 的 奇 幻 人 生

Wan Wan

宛宛兒————————著

Chapter I

人生來就要受苦
只要活著就有希望

Chapter II

我的家庭真可愛
整潔美滿又安康

Chapter III

走過的那些路
除了堅強別無選擇

作者序

宛宛兒

大家對於宛宛兒的印象是什麼？

搞笑扮醜、敢說敢言、不計形象⋯⋯

沒錯！以上這些全都是我。

在接到出版社的出書邀約後，我想了很久，究竟大家
想在書中看到什麼樣的內容？

許多人都知道我出身清貧家庭，從國中時期就開始自
己打工賺零用錢，因為對念書沒太大興趣，高三時
決定休學提早進入社會大學。像我這樣站在社會底
層的人，通常接下來的劇情多是為了生計誤入歧途，
永遠會被困在沒有希望的貧窮裡。

好家在我沒有被現實擊敗！現在的我雖然離財富自由還有一段距離，但至少我在養活自己之餘還有能力照顧家人，有能力選擇做自己喜歡的工作、跟有相同目標的夥伴們一起共事，身邊也有知心好友能傾吐心事，我很喜歡自己現在的狀態。

《宛轉人生向前看》書中的一字一句都是我的成長經歷，以前小時候不懂事常怨天尤人，怨老天為何如此不公平？為什麼我不能出身在好人家？一路跌跌撞撞走到現在讓我知道，想過怎樣的生活，就要付出相同程度的努力，只有你能改變自己的人生，如果只是每天埋怨東、埋怨西，永遠只出一張嘴而不肯付諸行動，那麼你就只能在懊悔中度過。

不知道在讀這本書的你現在的狀態如何？如果很好，那宛宛兒恭喜你希望你繼續好下去；如果正逢低潮，宛宛兒要請你別氣餒，先想想自己想要的是什麼，一步一步踏實的往目標前進，就算步伐緩慢，只要有前進就代表你正在往目標靠近，祝福所有追夢的人！Fighting ！

Chapter

I

人生來就要受苦

只要活著就有希望

我是宛宛兒

一個女生，既是話題網紅又身兼活動主持人、直播賣貨，還跨足演藝圈上遍各大綜藝節目，多半會給人「精明幹練、犀利世故」這類印象吧！但其實，我更中意用「善良、幽默、可愛」來形容自己，吃貨是我的日常，賺錢則是我生平最大嗜好。

搞笑影片的開端

多數人覺得宛宛兒很「台」，大概跟我滿口台灣腔
有關，奇怪的是，我小時候好像不會這樣，長越大
反而越誇張。我自認長相並非淑女掛，形象什麼的
我從不在乎，講話也是葷素不忌、「恥」度全開，
或許這樣正對新世代口味吧！粉絲都很愛聽我開譙，
覺得直率好笑，還很療癒。

高中時期，我跟兩位同學拍了一支「國際色情電話」
影片，上傳到 YouTube 後被很多人點閱並轉發分享，
在智慧型手機尚不普及的年代，造成不小轟動，就
連記者也聞風而來，打電話到學校說要採訪我們。

結果呢？事情曝光後老師下令把影片刪掉，我們怕挨
罵，只好暫時先將影片隱藏起來。後來的我們一直
懊惱，若非學校半路殺出來，或許我老早就出道當
網紅了。那時候的我們正值青春，平日裡愛瘋愛鬧，
拍這部影片純粹無聊找好玩而已。

手機搞笑鈴聲在當時非常流行，像是幹譙阿嬤怒飆：

「騎卡慢ㄟ啦！」、前國民黨主席連戰參訪西安時，小朋友們深情朗誦：「爺爺！您回來了！」等等都很熱門，其中某款「您現在撥打的是國際色情電話」我們聽得有趣，便對嘴拍了一段搞笑影片，沒想到它居然會爆紅。

直到現在，我和這兩位一起拍影片的同學依然情比金堅，2014 年還相揪重拍「國際色情電話」長大版。片中的我們都成了熟女，也有人已結婚生子，裡頭出鏡的 Baby 可真的是我同學的小孩呢！時光飛逝，我們變化都很大，但不變的是感情依舊，影片也同樣好笑。我們攜手走過青澀，吵也吵過、罵也罵過，這輩子跟她們算是沒完沒了了，所以網友敲碗十年後再拍一次，這當然沒問題！

拍片靈感源於生活

小時候沒機會出去野，獨生女無人作伴，只好自己跟自己玩。一個人在家時，我經常學電視上的明星又唱又跳，不然就是一人分飾多角自導自演，雖說是

種不得已的自娛行為，但倒也樂在其中。久而久之，表演欲在身體裡萌芽，沒舞台、沒掌聲不要緊，比照先前拍「國際色情電話」的經驗，我在 2013 年底開了 FB 粉絲專頁，把工作閒暇時亂拍的影片丟進去，除了打發時間、抒發情緒，還能滿足愛秀的心理。

我在粉絲專頁 PO 的影片內容都源自身邊發生的事，例如半路遇到三寶直接譙他一頓，或是打扮清涼在行動 KTV 計程車豪邁開唱等。或許大家的日子過得很壓抑，好多人都來聽我罵街、給我按讚，說我「舉止嗆辣、直率敢言」，就連走在路上也被認出來，既然渾身上下都飄出星味了，粉絲團的經營也就順勢認真起來。

有些人好奇，鏡頭前的我這麼粗魯沒形象，難道我一點偶包壓力都沒有嗎？老實說，還真沒有！我總認為自己長得不好看，身材也很圓潤，以前老是被笑、被欺負，後來是靠醫美加上打扮，才有現在的樣子。至今，時不時仍有酸民跑來罵我醜，但自信讓我不再膿包，我會嘴回去：「你才醜！你最醜！你全家都醜！」

歷練改變性情

偶爾翻翻早期的 PO 文或影片，總覺得自己怎麼那麼
好笑，反倒是現在的「笑」果不如以往。究其原因，
是我已不像從前容易被別人的話激怒而拍影片罵人，
齒歲增長脾氣有變祥和，不再容易被酸民傷害到，不
生氣就拍不出以前那種情緒波動很大的影片。這部分
在粉絲的轉變上也有跡可循，喜歡看我跳舞、露奶，
很三八、很台的那些人漸漸不見了，換來的是喜歡
我爽朗個性，欣賞我真性情的粉絲。

隨著粉絲團人氣累積攀升，開始也有活動主持、綜藝
節目來接洽。在演藝圈我應該算是 Part Time 型藝人，
單純就是興趣，想認識結交朋友，賺錢才是我熱衷的
目標。私底下我不太跟人尬聊，但只要有錢可以收，
不管什麼人我都能自來熟。不管是上節目的效果也
好，還是去主持，觀眾都覺得我好笑，有我在絕不
乏味冷場。

我真心不想再當窮人，也希望家人的生活好一點，所
以必須努力賺錢，別人怎麼看我無所謂，你跟我買

東西，就算給你罵十句也不打緊。對於家人的付出，我願意加倍回饋，當初年紀小叛逆不懂事，對養育我長大的爺爺很兇，我時時刻刻都在後悔，如今想彌補也不能夠了。所以如果現在的我有點影響力，我會盡力傳達愛與良善，不要做不好的事情。

認真女人最美麗

基於個性衝動，我很容易做出後悔的決定，小的一籮筐就別提了，大的除了「『孫』欲養而親不待」之外，還有為了和經紀公司賭氣，整整兩年放空 YouTube 頻道，錯過網路經營的黃金時代，導致如今粉絲人數再難衝高。我也常後悔自己口條這麼溜，怎麼不早一點做生意賣東西呢？真是千金難買早知道。另外，高中時為了玩樂、交男朋友而休學，沒好好把書唸完，也是我這輩子最大憾事之一。

身分多重的斜槓人生，是因為我好想賺錢，雖然許多人認為我瘋狂買屋置產，早就是個經濟獨立的小富婆，但每當身邊出現更厲害的人，我就覺得自己好渺

小，便督促自己要更加努力。倒也不是想跟別人比，我只是擔心憑著一點小成就，自己終會鬆懈下來，到時候恐怕又在後悔群組裡添一筆。

網紅是我人生到目前為止做過最久的工作，一掃過去一年換三百六十五個老闆的汙名，我喜歡表演，很開心有這條路可以選擇，所以我對粉絲特別好，為融入他們，我還建立 LINE 社群跟大家聊天交朋友呢！

未雨綢繆總是好的

每當看見老人家牽著小朋友經過身邊時，我總會想起爺爺。我的
父母在稚氣未脫的年紀便早早結婚、生女，當時爸爸還在當兵，
照顧幼女的重責大任，於是落到爺爺奶奶身上。因為是獨生女，
家人的愛全給了我，一方面我是幸福的，另一方面卻因為愛太多
太沉重，壓得我難以呼吸。

一家六口擠平房

東區是台中市最早開發的區塊，街景新舊並存，其中
一條狹窄巷道裡的紅磚平房，是我從小生長的地方。
屋子是租來的，每月租金五千塊，屋內有兩房一廳
以及衛浴和廚房，我們一家六口人就全住在裡頭，
過著擁擠的小日子。

平時由爺爺奶奶照顧，致使童年時期的我對爸媽印象
非常淺薄，另外家裡成員還有大伯和姑姑，二伯則是
結婚後搬去了員林。我們家雖然破破爛爛沒什麼錢，
但家人都很疼我，把我養得白白胖胖，衣食無缺。
不誇張的說，我只需嘴巴張開，就有人把飯餵過來，
這種「茶來伸手、飯來張口」的廢柴情境，每天在
我家上演著。

爺爺曾做過辦桌的總舖師，但自我有記憶以來他便已
經退休，烹飪是他的拿手絕活兒，所以家裡的飯菜全
歸他管。我爺爺煮的飯超級好吃，可是我以前不懂
得珍惜，每每對菜色百般嫌棄，甚至跑出去吃漢堡、
鹹酥雞，實在有夠白目！如今他過世了，連帶他的

手路菜也成了絕響。

奶奶和大伯都有正經頭路，一個在中藥行上班，一個在菜市場送菜。姑姑據說以前也有工作，但中斷太久與社會脫節，後來也就無法回歸職場。爸爸於退伍後返家，平日以打零工為生，我比較有印象的是他曾在工地做過焊接、爬鷹架等粗重的活兒。至於媽媽，她因為憂鬱症纏身，在我六歲時選擇離世。

關起來的溺愛

大家都忙著工作，小孩只能丟給爺爺顧。臨老還得幫兒子照顧孫女把屎把尿，大概沒幾個人有耐心吧？但他從不以為苦，凡事盡量親力親為。像是天氣冷時，他會先以雙手把我的腳捂熱，再幫我穿襪子、穿衣服；為哄孫女開心，他也常騎車載我去兜風，不然就到公園散步拍照。他對我十足疼愛，細心程度也絲毫不遜真正的母親。

小孩子過於受寵，就很容易討打，我也不例外！有

時皮得太過分，家人也會飽揍一頓，但程度頂多一、兩塊小烏青，擦點藥膏就沒事了。唯有一次，我被爺爺狠狠打過巴掌，原因是在我六歲時，有人在家門口遞根香腸，我就毫無警覺地跟著走，失蹤整整一天，家人都快找瘋了！

為了保護小孩，防止再度出事，從此我再也不能走出巷子以外的地方，除非家人帶我出去，包括上、下學都是爺爺無縫接送。我沒機會去同學家玩，下課後的同學聚會我也不曾參與，鄰居也沒有同齡的小朋友陪我，我的生活除了爺爺還是爺爺，我非常寂寞、非常孤單，但是大人們似乎不懂我的苦悶。

那怎麼不找同學來家裡玩呢？我也想啊！但我家年久失修，到處都是蟑螂、老鼠，許多地方也滴滴答答地漏水，猛一看根本是廢墟，很難相信裡頭住著一堆人，就連我自己睡覺也常被蟑螂、老鼠嚇醒，但家人對此卻習以為常、毫不在意，也沒有動手收拾整理的想法。屋況這麼可怕，我怎敢讓同學來？

不良惡習很難忍

照理說，我們家是有固定收入的，就算不富有，起碼日子也還過得去，怎麼我會形容自己「家境不好」呢？唉！因為家人以賭博為樂，整日沉迷其中。我們家財務的致命傷，是大人缺乏存錢觀念，月月都是有多少花多少，再加上喜歡打麻將、簽牌，沒透支就已經謝天謝地了，根本不可能留下盈餘。

我家是標準的鄉下人，純樸沒心眼，容易相信別人，不時找他們打麻將的壞鄰居，在摸清他們底細之後做了誘騙。「沒關係啦！就寫個名字而已。」、「厝邊那麼熟了！幫點小忙又不算什麼。」就這樣，家人糊里糊塗當了無良鄰居的保證人，簽下一堆票。想當然耳，鄰居終究跑了，我家也因此莫名其妙背債數十萬。

黑道經常上門恐嚇，一群凶神惡煞跑來嗆聲要求還錢，小小年紀的我被嚇得躲在一旁哭。自己幹的事必須自己扛，好一陣子全家都很認命地掙錢還錢。可是就算沒被騙，我家人也很常四處欠錢，主要是欠

賭債。以前我曾有只撲滿，領到壓歲錢我就存裡面，但這隻小豬非常歹命，不管藏哪裡都會被肉搜出來，肚子裡的錢最後全上了麻將桌。

除了賭博的惡習，我爸愛喝酒也讓我無法忍受，他時常喝得爛醉，沒有一天清醒，對我從未好好盡過當父親的責任。我覺得我家人很糟糕，愛賭的愛賭、愛喝的愛喝，縱然他們疼我、愛我，但是行為卻讓我唾棄至極。我無力改變他們，又必須看著這一切循環發生，腦海便不斷跑馬燈：「太過分了！又偷我的錢，最好 S 在外面不要回來。」、「媽！我討厭這個家！我想跟妳一起走。」種種負面想法超暗黑。

自由放飛打工去

國中是青少年叛逆期，我不愛念書，便想出去打工賺錢，這時候家人已經管我管不太動了。當然他們還是怕我遇到壞人，不想讓我出去，但我困在家裡已經那麼久了，不可能再回頭，我既執意要做，家人就算不願意也只好接受。

我打工不是因為缺錢，純粹就是找快樂。以往吃穿用度都有家人準備，基本上我不需要零用金。不過打工有錢領，可以餵飽小豬，延續存錢的滿足感，收入雖少，我還是挺高興的。十四歲起，我正式展開打工生涯，從端盤子、顧小吃攤到洗頭妹、賣衣服……樣樣我都去嘗試，如果寫成履歷絕對洋洋灑灑，保證唬人。提早接觸社會，對從小孤單的我是有益的，可學習如何與人相處，並真正開始交朋友。

身在福中要知福

十八歲的年紀,很多女生還在父母羽翼下無憂無慮享受青春年華,我卻已經拖著行李箱外出討生活。這個決定不帶任何苦情成分,純粹孩子大了,想爭取「自由」,為叛逆而叛逆的結果。獨立生活無人管束,快樂無比也辛苦無比,雖然許多事情得自己來,卻是極難得的成長歷練!

拎起皮箱離家出走

就在蟑螂、老鼠伴隨起居多年後,我終於發覺這事很不正常!我不願意再配合家人不良的生活習慣,也不想再和奶奶、姑姑共睡在很擠的小房間裡,更討厭他們賭博的賭博、喝酒的喝酒,反正看不到就不生氣,那就搬出去吧!

撇開家人的層面,也因為打工讓我認識不少朋友,包括男朋友在內。我想晚上出去玩,不想被家人管,老聽他們嘮叨碎碎唸「把家裡當旅館」、「長大就不聽話」,實在很煩、很不爽,於是把心一橫,包袱收一收走人!

離家時我沒向家人伸手,重點他們也沒錢。還好從國中開始我打工就沒斷過,平時捨不得吃、捨不得買,薪水都存起來,所以我身邊有一些錢。搬出來的第一件事就是要先租屋,我的第一次經驗很簡單粗暴,看到巷口電線杆貼著招租紅單,就打電話給房東約看房。

僅配備單人床、書桌跟廁所的房間好迷你,但我也沒去比較,因為再差也不會比我家差,再亂也不會有我家亂,能睡能住就行了,於是談妥租金四千搞定。住了一段時間,雖屋頂沒漏水,也不見蟑螂、老鼠,但房東將房子隔成許多小套房,鄰居動靜也太清晰,樓下又是水產供應商,魚腥味熏得我頭暈,與男朋友商量過後,決定合約到期就搬家,換個大一點的地方兩人住一起。

放飛也是一種學習

大概骨子裡還有點戀家,即便在外租房,我依然選擇離家很近。不像其他遊子因為離家遠,總想念家中熱騰騰的飯菜,我回去也就幾步路距離,所以還蠻常跑回家吃飯,怎樣也不會餓死。租屋處沒洗衣機,我會把髒衣服送洗,當然是送回家洗!如果乾淨衣服不夠穿了,便拿起電話催促他們,等洗完打包好了,我再去取件。

我平時很省吃儉用,賺的錢除了付房租,剩下的拿來

過日子是足夠的。倒也不全然為了省錢，主要還是習慣，以前渴了家人就給我喝水，所以我不會想買飲料；吃東西能飽就好，最便宜的便當就夠我打發一餐。我最大支出是供養與男朋友的共同生活，當時一整個戀愛腦，如今回首看自己，只能怨嘆自己怎麼笨到會倒貼！

可能離家咫尺，出走這件事似乎沒對我的生活帶來太大改變，但個性上確實讓我獨立不少，不會那麼草莓族了，也懂得如何交際，不再彆彆扭扭，可以自在與人攀談。那時我的想法是「我自由了，好棒喔！」，被家人關太久，一旦放飛就回不去了。

用力玩年輕不留白

打小我就跟著爺爺，許多習慣超像老人，所以朋友常嘲笑我：「妳真的很老人耶！」當我終於自由時，便卯起來做一些年輕人該做的事。我喜歡和朋友一起去唱歌，以前年輕的時候體力驚人，唱到天亮還可以再續攤吃早餐，接近中午返家才睡覺，不像現在，

半夜兩點就想躺平了。

夜店是我的最愛,除了喜歡跳舞,場內很多人會稱讚我漂亮,這讓我非常快樂非常開心!還有當時的男朋友也會帶我去飆車,被男生載著呼嘯街頭,引擎聲轟隆刺耳,儼然一副小台妹,別人看著囂張,在我眼中卻是又痞又帥!如果是一個人,我偶爾會到網咖消遣,上網兼吃吃喝喝,沒事就待到天亮。

人不輕狂枉少年,即便當年做的事再蠢再白目,總是青春正茂沒白過,曾經歷過、感受過,也就沒留下什麼遺憾。學生時期我不快樂,同學都會笑我、欺負我,搞得我很孤僻,直到有了社會經驗,才比較知道怎麼和人相處,也有幸交到幾位知心好友,所以我覺得少小離家,給我的影響是正面的,對成就現在的我非常重要。

扭轉情緒翻轉命運

有時我會想,還好我不是富二代,不然依我的性格

必定很懶散，只能當個庸庸碌碌之輩，平凡無奇，一生沒有作為。我家環境這麼差，工作照樣做不住，履歷一攤三千里，名符其實大草莓，若是我家很有錢的話，那我不就只會癱在家裡擺爛？我經常怨嘆我家，但有時候又覺得幸好我家是這樣，不然我現在如何小有成就？

身邊有很多愛靠北的人，老是覺得自己很慘，有的說家人不體諒他，不過想創業當頭家也不支持，害他做什麼都綁手綁腳；要不然就是買房子鬧情緒，認為家人只出頭期款並不夠，揹著房貸壓力太大，難以喘息嫌東嫌西。試問一下，家人幫你是情分，不幫你是本分，你有什麼好嫌的？你當家人是提款機不成？

我家就是窮，我才會想努力賺錢，我從前也覺得自己慘，可是長大後發現比我慘的人更多，相比之下自己似乎也沒那麼慘，比上不足比下有餘嘛！那些淨說自己慘，哀哀叫不停的人，我真的很難搞懂他們的抱怨！慘過你的人多了去了，你好手好腳、身體健康，還有什麼好抱怨的？

多年打拚努力，我對目前的生活還算滿意，現在我有
房子住，有車輛代步，也有穩定的收入，雖然並不認
為自己是有錢人，但對待自己已比從前大方多了，幾
千塊的支出不再過於謹慎，會為了自己開心、滿足自
己，去買買衣服、看看電影，吃飯也會點幾盤小菜，
對自己不再那麼小氣。

在這個花花世界，必須保有一顆善心，除了回饋社
會，也不致被人迷惑或帶偏。我曾擔任創世愛心公
益大使，當有能力時，我會去育幼院送生活必需品，
疫情期間我也捐隔離衣給醫院。哪邊有公益活動能做
的，我都樂意配合，收穫心靈的快樂之餘，也深信會
帶來好運。

人生在世必學「忍」字

每個人從小到大，都曾為了順利過日子而忍受過一些事，我也是！或許還因為家庭環境、早出社會等種種原因，我比別人面對的更多。小時候是同學霸凌，大了換成職場上的壓迫，即便現在也要時時遭受酸民刁難。「忍一時風平浪靜，退一步海闊天空」這話對我似乎不大管用，因為我忍了也退了，問題並沒有獲得解決，得寸進尺的依然大有人在。

傷心悲劇數不完

人生需要忍耐的事何其多，像是別人給的不是自己想要的、莫名討厭你謾罵欺負的、純粹想拗你占便宜的……族繁不及備載，雖是不同領域但我或多或少都有涉獵接觸，身上實例一大堆，可以講幾件大家交流交流。

先說學校吧！以前我不愛上學，覺得上學不快樂，去學校常常被笑或被指使做東做西，又不敢生氣或回罵，只能苦苦忍耐，強顏歡笑當小丑博取同學歡心。在家呢？雖然備受疼愛，但同齡人有的我全沒有，貴的如電腦、手機先不說，就連基本款遊樂園也從沒去過，爺爺帶我出門永遠都是公園、朋友家這種不要錢的行程，頂多加個十元叭噗當彩蛋，就算額外的驚喜了。

工作上較有印象的是在廟會當 Dancer 時發生的，這件事我有點暴氣，必須好好講一講。Dancer 會穿小可愛、安全褲，車上換裝是家常便飯，某次中場休息我正在換表演服，因為跳舞跳得汗流浹背，就抱怨

了一句：「流汗流到褲底都濕了！」沒想到坐在駕駛座的吉普車老闆，居然向老婆告狀，說我勾引他，這下翻倒了大醋桶，從此言語暴力加身。

她在群組發文攻擊我，我只是個菜鳥，無力辯駁，只好悶不吭聲。事隔幾年我成為宛宛兒之後，她又在自己的 FB 罵我賣弄風騷、沒娘教、做人失敗，竭盡所能的侮辱我、詆毀我。從前受盡委屈我沒計較，現在妳還來？於是我把事情的頭尾原原本本披露，最後換我粉絲出征她，直接灌爆她臉書。姐姐！今非昔比，我現在有粉絲囉！妳再沒完沒了，他們可是會替我打抱不平的。

智慧諺語非萬靈丹

俗話說：「忍一時風平浪靜，退一步海闊天空」，但忍耐真的是美德嗎？我是覺得這句話很不 OK 啦！一味克制吞忍，不敢發作，別人就是會爬到你頭上，就跟當年我在學校的遭遇一樣。我不想受欺負，如果有辦法回去解救我自己，我一定打爆對方，絕不

姑息忍耐，你敢打我，我就打回去！從前上學受委曲，回家我都不敢講，因為我就是沒用，臭俗辣！只會仗著家人的寵愛對他們大小聲。我現在比較堅強勇敢了，如果再有人來欺負我，我絕對不退縮沉默，必定想辦法反擊，面對咄咄逼人，不需委屈忍讓，該硬就要硬。我的宗旨是，忍一時必須合情理，退了有好處的話，我們再來退，不能身心靈受到傷害，還要繼續忍氣吞聲。

還有一句諺語「吃虧就是占便宜」，這句話對每個時期的我，看法不盡相同。比如剛打工那會兒，我經常發牢騷：「為什麼都叫我做，別人都不用做？」滿滿「不公平」的情緒。現在則無所謂吃不吃虧，對這種事已經不會太在意了，因為占便宜的人，有一天必定得連本帶利歸還，世事都有輪迴報應，我現在雖然吃了虧，說不定會在別的地方得到報償呢！

酸民原來是財神爺

如今的我，畢竟是個公眾人物，在外面的生存原則

就是盡量不與人交惡，只要不是太嚴重的事情我都會忍。我所謂的「嚴重」是指無中生有、惡意中傷，你可以批評我三八、大箍呆、醜八怪，反正我當網紅當得夠久了，練就出金剛不壞之身，貶損的話來來去去也就那樣，早就麻痺沒感覺，根本刺不中我。但若汙衊我「不孝順打奶奶」這種扭曲事實的造謠誹謗，我絕對是零容忍！

另外，我也開始經營自己的品牌了，做生意嘛！大家和氣生財，不能明著跟人家吵架。偶爾遇到討厭的奧客，像是不去領貨的或是刻意吹毛求疵的，我大多會選擇妥協，「哎呀！好啦好啦！你要換喔？給你換啦！」、「這個有問題喔？好啦！換新的給你啦！」就算再無奈也要忍，畢竟爭了沒啥好處，過度在乎小細節心很累，處理起來還很浪費時間。

隨著年齡增長，人的脾氣性格也會跟著改變，我覺得在待人處事上，自己也逐年有所調整。比方過去我看到酸民都會封鎖，可是現在不封鎖了，反而還挺喜歡他們的造訪。為什麼呢？我舉個例子，我在直播時跑出個酸民嘲笑我胖，我會直球對決：「這

個兩百年前就有人說過了,你能不能講點新的?」就這樣你一句我一句互懟頂撞,居然吸引一大票吃瓜群眾進來看熱鬧,帶動流量,人氣快速竄升。

曾經有個酸民非常刻薄,話講得十分難聽,我乾脆來個:「這個嘴巴好臭,恐怕是長期便祕滿肚子大便,最好吃一下排便的,讓身體恢復健康。」然後我就介紹我的排便產品,銷售效果還不錯呢!所以後來我不再生氣,心態有很大的轉變,甚至希望酸民趕快來。

對症下藥訓練膽量

個性好的人通常讓人覺得好講話、好妥協,凡事不太斤斤計較,為避免衝突能忍則忍,但許多人總把「個性好」當成「好欺負」,因為不會生氣或不敢生氣,他人便軟土深掘,時間久了食髓知味,最後演變成欺負或霸凌。

但有些人就是硬不起來,怎麼辦?包括我自己身邊也有這種個性隨和老是被拗的朋友,所以我常叫他嘗

試一些高刺激性的挑戰，像是高空彈跳、飛行傘運動之類的，因為腎上腺素激增會突破一個人的極限，而不敢反抗的人都是沒膽的俗辣，只要想辦法把膽量訓練好的話，或許軟柿子就能硬起來，敢於拒絕一切鳥事。

簽下合約失去了
自由之身

涉世未深的年紀，很容易被別人表象的關心所矇騙，覺得這個人
對自己「很好」，一陣掏心掏肺之後，陡然發現對方的虛假，才
驚覺自己好傻好天真。我當初就是年紀太輕，識人不明，被摸個
頭就跟人走，傻傻的簽了兩年賣身契，被賣了還在幫人數鈔票。
奉勸大家不要太隨便相信人，不管條件多誘人，最好還是熟知對
方底細後，再決定要不要合作。

考慮不周草率簽約

憑著葷素不忌的搞笑風格,「宛宛兒」迅速嶄露頭角。某天我接到一則私訊,邀我當內衣麻豆,聲稱是個穩定的工作。受寵若驚的我興高采烈去應聘,結果發現是間視訊公司,給的工作其實是限制級直播主。公司不斷遊說:「妳只要打扮性感在鏡頭前美美的就行,跟內衣麻豆做的事沒兩樣。」經過一番話術,我成功被洗腦,便答應接下視訊主播的工作。

上班一段時間後,公司見我人氣挺旺,深具潛力,提議簽經紀約,約期兩年,收入十萬塊以內不會抽成。他們一開始對我頗為照顧,給我公司「很好」的印象,當看到他們提出的佣金條件時,更讓我覺得公司善良到不行。畢竟十萬對剛起步的我來說,還是不容易企及的收入,有鑑於達標次數恐怕有限,便自以為精明地私下盤算:「那我每個月賺九萬就好,就不必給公司抽佣啦!」

以往活動的邀約都是透過粉絲頁洽談,但我個性有點疏懶,不勤於回覆,難免錯失許多工作良機。想

到簽約後可由公司代勞接洽，不必樣樣自己處理，就感到無比輕鬆愜意。日後我只要按照公司排程準時現身就行，除了協助管理粉絲頁的工作邀約，公司也承諾會媒合更多適合的曝光機會。

人氣夯出道即巔峰

早在按摩店上班時，我就已經創立粉絲頁，最初是無聊找消遣，隨手拍了一些東西，因不想讓朋友看到我拍的什麼亂七八糟，便沒 PO 到自己的臉書，而是另外開個粉絲專頁，讓不認識我的人觀賞。

當時完全想不到我會擁有百萬粉絲，更不知當網紅可以延伸出許多業配、代言的機會，以及節目邀約、上通告什麼的，基本上每月接幾個案子，隨隨便便都能超過十萬報酬，即使三、四十萬也是常有的事，很容易達成。除了收入出乎意料，我也發現越來越多人進來粉絲專頁，受惠於臉書演算法，以前只要滑開 FB，想不看到我都難，所以很多網友認得我，走在路上時常被搭訕。想當初正紅的時候逛一中街，走

進去我走不出來耶！大家看到我一直喊：「宛宛兒！是宛宛兒耶！」圍著我要求拍照，讓我享受了一把被簇擁的感覺，也過足了當「明星」的癮。

好懊惱心肝捶到爆

縱然人氣竄升，但一開始我還是當好玩而已，沒想過要好好經營粉絲團，以及它帶來的效益，等到我想到這件事時，合約已經簽下去了。被抽成事小，做白工事大，我氣惱公司常利用我拉抬名氣，要我陪同經紀人會見廠商，拿我當大餅展示公司多麼有實力。重點是，這算無酬性質的公關工作，我拿不到錢！

廠商常私訊邀拍業配，我賣過如瑜珈運動褲、K 歌麥克風等，成績都很好！但，經紀公司不是應該幫我找工作嗎？怎麼都是工作自己來找我。未簽約前原本就有業配、主持活動來敲，只是我懶散不太去接，現在經紀公司只是過了一手接洽的動作，居然就能順便分錢，根本撿現成。他們甚至排好排滿，各種工作能接就接，把我當賺錢工具。

有一回公司派我去一間 SPA 按摩會館露面打卡，說可以增加曝光度，算是互惠活動，因為按摩紓壓的感覺還不錯，我同意再去一次。正當我放鬆享受時，按摩師突然問道：「這次費用是直接拿給您嗎？」費用！什麼費用？我這才知道公司竟然 A 我的錢，一查之下還不只一次。我很不爽，向公司反應之後，換來經紀人對外宣稱我大頭症、不好管、很難教！

終於看破公司不 OK，我反感到飛新加坡躲了兩星期，能離他們多遠就多遠。就連粉絲頁發訊息、PO文都有一搭沒一搭，認為不經營就不會有工作上門，公司便無法利用我。我真傻！只想著時間趕緊度過，約滿就不必受制，卻疏忽粉絲專頁一直處在停滯狀態，等到恢復自由身，FB 黃金時代已過，貼文觸及率節節下降，我就算再努力，人數也衝不上去了。

員工是寶必須顧好

我很灰心喪志，不明白這兩年到底在幹嘛！「宛宛兒」最紅的兩年，竟是我最不快樂的階段，原因是我亂簽經紀公司。後來我學乖了，請了一位專業助手幫

我回覆訊息、聯絡廠商，他做的事跟經紀公司一樣，但我能擁有決定權，帳目也清清楚楚，所賺的每一分每一毫都是自己的，我感覺踏實多了。

這是一段不愉快的經驗，沒想到經紀公司會如此苛刻旗下藝人，如今我也當老闆了，一名好老闆應該大方，不可以小氣，對員工好，員工才會幫你賺錢。我也盡可能體恤員工，當工作量大時，不是所有事都丟給他們做。下場一起幫忙，共同完成任務，我相信可以增進感情，也能凝聚員工的向心力。

人難免犯錯，小錯像是訂貨寄錯，人家訂內褲，結果寄成內衣這類的，只要修正錯誤、自行吸收損失，那也沒什麼好碎碎念的；但如果在我背後搞小動作，那就堅決不能忍。我記得曾徵過一名助理，他有問題不在內部討論，反而到外面四處發牢騷說我是慣老闆。當時有廠商抱怨他懶回訊息，做事拖拖拉拉，把雙方對話拿給我看，我才曉得他有這個毛病。我認為，自己人關起門來怎麼罵怎麼吵都沒關係，但跑去跟外人亂講話，那就超出我的底線了。

Chapter

II

我的家庭真可愛
整潔美滿又安康

阿嬤就是我的媽媽

爺爺是一家之主,這話沒毛病!但奶奶是財經大臣,家庭地位也不低。她負責出錢,在家裡講話可以大聲,以前但凡我註冊、治裝都跟奶奶伸手,是我重要的金主。她時常罵爺爺「死老猴」,敢對他兇,可是她對小孩不會這樣,最多唸一唸而已。除了阿公以外,她是最疼我的人,爺爺是第一名,她是第二名,第三名以後從缺。

我家的藥王兼賭王

日常我都跟著爺爺，但若有花錢的需要，我會去黏奶奶。她讓我有飯吃、有衣穿，還管我袪百病、保平安。嫁給爺爺之後，她就在中藥行上班，包藥、煮中藥、做雜事，一生奉獻同一個男人及同一份工作。全家只要身體不舒服，像是發燒、肚子痛什麼的，灌下奶奶帶回來的藥，一帖見效。

奶奶以前很胖，像一顆球，因為她只會吃從不運動，小時候我常取笑爺爺是猴子、奶奶是豬，還很調皮地畫猴子和豬結婚的圖送給他們。榴槤、罐裝咖啡是奶奶的最愛，尤其罐裝咖啡每日必喝，很難說得上她是潮還是台，但不可否認這些食物吃多必胖，我常常懷疑她現在有糖尿病又牙齒掉光光，都跟它們有關。

以性別區分的話，我們家男的有爺爺、爸爸、大伯，女生則是奶奶、姑姑和我，兩派怪癖不同，男方那頭嗜酒如命，女的這邊是酷愛賭博，另外再加碼懶得洗澡。爺爺以前最常嘮叨奶奶不洗澡，我們家非常奇葩，女的比男的還不愛乾淨，所以小時候我沒

刷過牙,該懂的衛生習慣也不懂,長大上學才曉得原
來牙要每天刷、澡得每天洗。

奶奶吃穿不講究,對自己摳門,但我想要的東西,
只要有錢她就會買,不過通常她都沒錢,因為全在
牌桌上了。她是家人口中的「筊婆」,三不五時泡
在麻將間,我在家看到她的時間真的不多,因為她早
上在中藥行上班,下班就被人拖去打牌。我們家男的
愛喝酒,女的愛賭博,我在這種不良的環境下長大,
沒長偏也算是有本事。

我倆才懂的小樂趣

奶奶對小孩非常寵溺,我說什麼她都好,也不曾打罵
過我。以前她買貴桑桑的水蜜桃給我,我嫌桃子太大
顆,咬一口就丟掉不吃;她也帶我上百貨公司買衣
服,標價逾千元的上衣、裙子或鞋子,她都花得下
手,但我嫌她挑的款式太醜,愛穿不穿的。如今回想
起這幾樁事,我也覺得自己非常討打。

在家負責帶孩子的是爺爺，但奶奶亦常對我噓寒問暖，見我便道：「有呷飽某？」不然就是「緊去睏！明仔載要上課。」以前她常幫我掏耳朵，當她輕輕把耳勺伸進耳道時，有點癢癢的很舒服。奶奶自己也挺愛這種酥麻快感，所以她幫我挖完之後就換我幫她挖，一根耳棒讓祖孫倆樂不可支。

屋裡房間不夠用，我和奶奶、姑姑擠同一張床，晚上我定挨著奶奶，跟她撒嬌，要她撓我後背哄我睡覺，而且還要聽睡前故事。她講故事很隨便：「有一天，有個人講了一個故事……，好！該睡覺了。」非常敷衍不認真，就算逼她講新的，也是沒頭沒尾兩、三句話就結束，聽得我很累，直接不醒人事。

小時候我感染帶狀疱疹，就是民間俗稱的「皮蛇」，相傳被它纏繞身體一圈就會死，奶奶非常擔心緊張，深怕我死掉，不知從哪裡問得偏方，叫我站在日頭底下頭頂鍋蓋，自己拿著菜刀作勢比劃，口中喃喃唸咒，大喊：「砍！砍！砍！砍！砍！」說是可以把「蛇」砍斷。哈哈哈！好荒唐！害我笑到現在。

老人家想法的改變

奶奶不會罵我,但會嘮嘮叨叨,比如她見我換男朋友,會碎唸要我交一個就好,不要弄得她霧煞煞,記都記不清。我高中沒畢業就休學,這事情讓她很灰心,不時囉嗦:「剩半學期也不把書讀完。」並引述她以前日子艱苦,都沒機會讀書,我這麼做太丟人現眼云云,試圖挽回我的決定。

毫不意外地,孩子太叛逆根本聽不進去,當時我還吵著要離家工作,奶奶見狀,知道我翅膀硬了管不住,反正講也講不聽,便不再出聲阻止,反而「勸說」爺爺:「她已經大了,別管她,讓她去吧!」嗯⋯⋯?我怎覺得我的出走大業,奶奶是最佳助攻?

奶奶很傳統,不能理解我為何刺青、微整,老唸我過幾年後皮膚會皺巴巴、害了了,以致剛開始我都先斬後奏,免得她一直在我面前碎念。後來奶奶看多了,比較能夠接受,從反對變成欣賞,現在還會讚美幾句:「妳這隻鼻子做得不錯,金水!」

請多陪我走幾哩路

爺爺是總舖師，但奶奶手藝也不賴，偶爾她會小露一手，尤其那道曾征服過我所有朋友的「麻油腰子」，我時常念念不忘，可惜自從她中風之後，就沒法再做給我吃了。從前的她忙於牌桌上的應酬，幸好爺爺也會做菜，孩子免於嗷嗷待哺，不然等她來煮，我應該早就餓死了。

許久以前奶奶就被診斷出糖尿病，近期走路突然暈眩跌倒，頻繁出現兩次之後，送醫才發現她中風了。如今家裡再也無人打牌，奶奶動不了，姑姑要照顧她，重點是沒有多餘的錢再上場廝殺。

老人家疾病纏身，衰老的速度肉眼可見，想到奶奶陪在身邊不知還有幾年，便興起買屋給家人的念頭。我家房子自古至今都是租的，奶奶年紀大了，若在有生之年能夠擁有自己的家，不必一輩子流落在外，相信她住起來也會開心。

工作空檔我會回去看奶奶，回家也沒幹什麼就是陪

她聊天，現在換我碎唸：「有沒有好好復健？」、「到底有沒有在動啊？妳真懶耶！」、「躺在床上都不起來動，怎麼會好？」她看到我是開心的，但一旦我開口唸她，她就會催我趕快回家。這事證明三十年風水輪流轉，唸人者，終究是人恆唸之。

我的爸爸真偉大

曾經我很厭惡老爸，除了愛喝酒以外，也因為他不認真賺錢，沒盡到養家的義務。現在的他個性轉變很大，我也不像過去那般討厭他。從前他帶我烤肉、釣魚、打遊戲，現在我陪他K歌、釣蝦、訂外送。我突然發現，現在對他做的，就是他以前對我做的，全是生活小事，卻是專屬我與父親的幸福大事。

快樂是如此的短暫

以前，爸爸見我必罵：「看到人不會叫喔！我是恁老爸啦！」而我永遠回答：「需要尊重你嗎？我才沒你這種老爸，哼！」父不父、女不女的，最親近之人卻像距離遙遠的陌生人。

我出生時爸爸還在當兵，是個年輕小夥子，當年他很愛玩，尤其熱衷打遊戲，曾收集《快打旋風》、《鐵拳》等滿滿兩箱遊戲光碟，平時不是緊盯著電視螢幕，不然就是在外面的電子遊戲場玩。偶爾他也帶我一起，教我怎麼過關卡、哪裡應該放大招，他蠻屬害的，以現代話來形容，就是不折不扣的電競宅。

每逢中秋，爸爸會帶我回外婆家，他跟姨丈挺聊得來，大家白天釣魚、晚上烤肉，氣氛和樂融融，阿姨有兩個孩子與我同年，有伴一起玩我很開心。除了這幾項休閒，老爸更愛貪杯，他是無酒不歡的人，有酒、有朋友他就很快樂。舅舅告訴我，以前他僅僅是愛喝，媽媽走後他才變得酗酒，或許是麻痺自己，又或許生無可戀，想藉著慢性自殺離開世界。

退伍後他在工地當雜工，像是清磚瓦、搬水泥樣樣
都做，然而家裡的電器或哪裡壞了，卻不見他動手，
還是要等爺爺來修。沒工作時他就喝酒，小時候我
老聽奶奶抱怨，說爸爸連續幾個月都不拿錢回家，
我猜他大概是把賺來的錢全部買醉去了。

黃湯下肚的二三事

我爸喝到斷片，做出脫序的行為不勝枚舉，他曾喝
到一絲不掛倒在路邊，鄰居發現後通風報信，家人
才趕緊推著雙輪車把他載回來；還有一次他喝超醉，
搖搖晃晃經過巷口，被鄰居養的狗吠了兩聲，火大
去踢狗籠不算，還衝回家拿菜刀嚷著要殺狗。這事
驚動不小，我也出來看熱鬧，奶奶拚命阻擋他，大喊：
「給我回去！你是在發瘋嗎？」見他菜刀舉高高，
我真怕萬一失手，就得跟奶奶說掰掰。

他時常喝得醉醺醺，現在雖然沒那麼誇張，出格舉
動仍零星發生。不久前他跑到外面喝酒，喝醉亂發
小費還欠酒錢，他女朋友先幫他把債還了，再到家

裡來告狀，搞得全家雞飛狗跳的，說有多熱鬧就有多熱鬧。

他喝醉很會五四三，時常打電話來煩我，講一些：「妳最正！妳是正、正、正、正，四個正。」、「妳是我的寶貝，妳最漂亮！」這種有的沒的，或者跑來我 FB 胡言亂語「我是妳男朋友！」本來他酒醒想起來幹了什麼還會歹勢，最近可能次數多了臉皮也變厚，不管有沒有喝醉，都會喊我寶貝！聽得我雞皮疙瘩掉滿地。小時候我覺得他很嚴肅很兇，走過路過沒理他便要罵人，如今我長大了，他反而變得很萌，真奇怪！

男人五十一枝花

可能是歲數有了，近年我爸的個性大有改變，他在工地曾發生意外，手掌被利器砍斷，幸而有接回來，但功能受到影響無法恢復；他也中風過兩次，之後便經常腦霧，總抱怨事情記不大起來。健康因素使得他不能太操勞，我們好說歹說他才答應改當工地管理

員，現在他每天坐在管理室裡，負責督管工地門戶，縱然薪水沒以前高，至少工作穩定，只是鐵皮屋熱得很，酷暑時節不好挨。

我爸喜歡聊天，話題不限，你跟他聊什麼他就聊什麼，沒人陪聊就一直在那裡打電動。他喝酒不像以前那般拚命了，最多偶爾放肆一下喝個啤酒或高粱，一個不小心喝醉了，就叫姑姑去接送他。

我爸自古便瘦瘦的，四十幾歲還擁有六塊腹肌，身材很好，直到當管理員坐著不動，肚子才變成一球的。他年紀越大越釋放自我，之前還在喝酒的地方交了個女朋友，我們懶得理會，反正他也交不久，因為他很容易被看破手腳，女生一開始被他的花言巧語迷惑，後面知道他光說不練後，自然而然便會分手。我之前看到他們去買對戒，還是女生主動付錢，不得不說我爸挺高招的，那麼老了還能讓妹紙倒貼，或許真有一些魅力也說不定。

跟著年輕人一起嗨

我曾被網路節目刻意安排,現場 Call Out 給老爸說:
「我愛你!」當時他也不像現在這麼放得開,彼此氣
氛尷尬。如今我不怕跟他說這句話了,他生日那天,
我撥電話給他祝他生日快樂,結果他的回應是:「寶
貝!我肚子餓,我要吃烤鴨。」我只好再花錢幫他叫
外送。他打給我都沒好事,三不五時就要我幫他訂外
送,別有居心,害我都不敢接。

我爸唱歌很好聽,嗓音渾厚有磁性,他跟我們上
KTV 必選《堅持》、《我問天》,歌聲不輸原唱者
翁立友。輪到我唱時,他會用手機錄我唱歌的樣子,
好像一個迷弟,真的很搞笑!我覺得他應該超愛我
的,私藏我很多影音照片,經常翻出來欣賞,還拿來
當手機桌布、大頭貼,有人的老爸這麼變態嗎?

我爸不少朋友都知道我,他以前不敢承認我是他女
兒,現在好多了。公開之後,以他雙子座的個性,
自然得意洋洋!過去像是拍片帶到他,他老在那邊
假無意:「妳別拍我啦!」現在呢?他不只不排斥,

還經常進我直播留言。

他眼睛有點問題，我拿我的葉黃素產品給他喝，他覺得效果不錯，便跑來我的直播幫忙打廣告：「這個喝了很有效，看妹妹更清楚。」然後我就叫他不要來亂。直播時的搞笑互動，也算是聯繫父女感情的趣味與默契。

我的媽媽水人無水命

「水人無水命」講的就是我媽,照片裡的她,長相清秀卻紅顏薄命,嫁給一個沒用的男人,二十幾歲便離世。當時我才六歲,家人的呵護沖淡我對母親的需要,我不哭不鬧,絲毫感受都沒有,長大也僅僅覺得惋惜。她說過的話或做過的事,殘存我腦海所剩不多,幾乎是零,幸好有寥寥幾張寫真,可以想像她的點點滴滴。

爆帥女子氣場全開

我媽的模樣，我一點也記不得，只知道她很漂亮，身高有一百七，手長腳長的，獅子座，個性大刺刺毫不做作，也挺會照顧人，以上是相片裡的她，以及別人口中的她。

爸媽的認識經過與感情狀況，家人不曾提及，我也不想勾起往事，徒惹傷心，因而知之甚少。但我猜我媽應該很出眾，因為舅舅說過她在學校是風雲人物，有她罩著，就沒人敢欺負他。在我的想像中，她是個能幹的大姊頭，性格豪爽大方，人見人愛。以家中照片裡的親密神態來看，爸媽頗為恩愛融洽，當然實際如何，已無須深究。

她念高中時很羨慕別人騎檔車，類似電影《追夢人》裡劉德華騎的重機車款，為此她跑去工廠打工，工廠的活兒可不輕鬆，很累很辛苦，但她願意去做，就是想自己存錢買一台摩托車。這事以那個年代來說超屌的，也代表她個性獨立帥氣，是個目標明確、不畏吃苦、勇往直前的女生。

性格大大咧咧,通常也就不拘小節。記得爸媽帶我逛百貨公司,那時我尚幼齡,看見手扶梯一直「長」樓梯出來,很害怕不敢邁出腳步,他夫妻倆倒好,手牽手自己下樓去,一回頭才知孩子卡在上面哭哭啼啼,得勞動路人甲把我抱下去,才解決一場危機。

另一次是她大手筆買了繪畫組,裡面有蠟筆、彩色筆、圖案印章等各式著色產品。小時候我喜歡畫畫塗鴉,為了讓孩子玩得開心,她不惜以昂貴價格入手,結果被家人碎唸許久,覺得她花錢大手大腳,對小孩太過慷慨沒必要。

女人原是油麻菜籽

媽媽的娘家是客家人,家裡有姊姊、妹妹,我媽排行老二,還有最小的舅舅,共四個孩子。打從我有記憶以來,似乎就沒外公這個人,外婆則是性格開朗、身體健康,高齡還能上山幫人採橘子。由於家境一般般,沒有白富美的條件,所以我媽外表是健康的小麥膚色,加上個頭又高,懷孕的時候被我家形容成「看

起來很黑很大隻」。

即便人長得高大，在學校所向披靡，但嫁了人就是小媳婦，有什麼委屈都得往肚裡吞。根據江湖傳言，她最初住進我家時，因大家都要上班工作，白天就只有她與姑字輩成員相處。眾所周知，姑字輩都是狠腳色，我媽中招受了欺負，傷口好不了疼痛難忍，才與爸爸搬出去，租了間小套房療傷。

至於我呢？則暫時放養家裡，讓爺爺奶奶照顧。後來我媽在飯店找到工作，家人有時帶我過去，她見到我總是很高興，會抱抱、親親我，再拿香香甜甜的布丁給我吃，我非常喜歡那裡，這也是我對她殘存的快樂記憶。

她自殺那天，是半夜喝的農藥，當時我爸還流連在電子遊戲場，她一個人孤單無助，結果發生憾事，直到我爸回去才被發現。屍檢結果分析，她的胃部除了農藥沒有其他東西，說明她都沒吃飯。小阿姨透露我媽因為身上沒錢，曾回娘家蹭飯，吃是吃進去了，但苦卻沒說出來。

浮浮沉沉隨風飄零

爸說媽是憂鬱症導致，那是他在講，是不是誰知道？有些細碎聲音傳進耳朵，說她想和我爸離婚，但他不肯。我爸某回酒醉說過，他一輩子最愛的只有我媽，除了她以外，其他女人他都不喜歡……點點點。或許他真心愛她吧！只是我覺得嫁給我爸這種人確實會很想死，成了家卻不成熟，每天只顧玩，不懂得扛家的責任，根本不適合結婚。

再怎麼印象不深，媽媽於我心中還是一個重要的存在，有時日子太難過，我也常興起隨她而去的念頭。我曾嘗試觀落陰去探訪她，她一身素淨站在門口，雖然我們無法交談，但我能感應到她釋放的溫柔。我默默祝禱：「跟爸爸在一起辛苦妳了！如果有可能，希望與妳有更多相處的機會，不然來當我女兒吧！」

然而，我內心超想對她吶喊：「妳能不能不喝農藥？如果妳能等我長大，妳現在就可以享福了，因為我現在很會賺錢，就算離婚也不要緊，我一定支持妳！不要那麼快離開好嗎？因為妳還有好多好棒的事情

沒做過，妳才二十幾歲而已⋯⋯」

虎媽手下無犬女

對比照片，我微笑時的神韻像極了媽媽，她雖然已
經離開很久，但每當母親節我還是會 PO 個文紀念一
下，證明我也有媽媽。其實就是想炫耀一下啦！讓
人家看個照片，稱讚我媽漂亮，那我跟她很相像嘛！
這麼算下來，我當然也很漂亮！

我和媽媽相處的時間太少，很多事情沒來得及一起
做，我感到很遺憾。我多麼希望她能與我出國旅遊、
上館子吃大餐、討論母女 OOTD 穿搭、分享我交男
朋友的大小事，也希望她看著我登台表演，最好能
陪我上節目，參加那種「生得那麼漂亮是神複製」
的主題，讓大家讚嘆一下「有其母必有其女」。

若有一天我也生了個女兒，我會將這些小時候的遺
憾補齊到孩子身上，我願意花很多時間陪伴她，帶
她四處瘋、四處玩，不缺席任何重要時刻，所有小

時候我想要的,我會全部給她。

我還希望把孩子培養成十八般武藝樣樣都會,優秀到讓大家羨慕、忌妒、恨!所以當我女兒必須會唱歌、會跳舞、會演戲,還要會做菜,差不多這樣就好。你覺得我養小孩是炫耀用的嗎?對啊!我承認,我就是個虛榮心重的女人,怎麼了?

爺爺我愛您！

很少人像我爺爺那般全才，除了料理做飯，他還會洗衣服、帶小
孩。我衣服破掉或布娃娃缺角，都是爺爺補的，他縫得可好了，
我有點懷疑他是否投錯胎？如此的心靈手巧，應該當女人才對。
他的勞作也很厲害，家裡修東修西全靠他 DIY，桌椅、電燈、電
風扇，樣樣都難不倒。他是我心中無人能及的 Number 1，實至
名歸！

台味十足的老人家

爺爺為人誠懇樸實，是道道地地的古意人，從小住在豐原，結了婚才與奶奶來台中討生活。他外表打扮一成不變，下身永遠的西裝褲，上身是阿公牌 POLO 衫，頭上則戴著某某宮廟贈的棒球帽。他有一台迷你收音機，出門就插在胸前口袋裡，邊走邊聽歌唱頻道，他總是把音量開得超大，招搖過街，全然不怕因此耳背。

爺爺信仰虔不虔誠我不知道，但他會念經，也喜歡帶我參加進香團。一整車香客都是上了年紀的叔伯阿姨，飄著濃濃本土風，每當輪番舉麥時，爺爺從不客氣，麥克風到他手裡，《一支小雨傘》、《恰想也是你一人》等洪榮宏代表名曲一首首唱不停，惹得全場驚豔，並報以熱烈掌聲。他的歌聲十分出色，這點我爸有遺傳到他。

他很愛很愛喝酒，家裡男人有樣學樣，上梁不正下梁歪，都是他起頭帶壞的。他常騎機車載我去豐原找親戚朋友，你兄我弟相招來小酌開講，是他的人

生一樂！他的遊程多半會附贈一段無料小旅行，帶我去公園拍照、走迷宮、溜滑梯，所以我對豐原也特別熟悉。

有時他想溜出門，奶奶會趕緊叫我跟著去，因為我會管他。他曾喝到摔車犁田，連人帶車掉進田裡，送醫縫了十幾針。以前法規沒罰酒駕，但因為後頭載著我，所以他不敢過量，怕喝太多神智不清，腦子馬西馬西。通常他黃湯下肚，聲音、動作開始變大時，我就會數落責備，不准他繼續再喝。爺爺最聽我的話了，我是治他的小妖精，他很怕我，是我細漢仔。

爺爺的一百分手作

媽媽過世時，爸爸已經退伍了，可是他意志消沉，每天喝得醉醺醺，真正照顧我的是爺爺奶奶。尤其爺爺幾乎包辦一切大小事，包括每天叫我起床，煮三餐並餵我吃，為我洗衣服、穿衣服，還幫我做功課。以前我的作業都要麻煩家人，因為我愛玩不認真上學，也不喜歡寫功課，所以不光是暑假作業要家人代勞，

就連平時的作業也歸他們管，我才能過關。

美勞作業也非我擅長，當然全推給爺爺。他木工很強，我以前讀書用的桌子、椅子，還有家裡的一些家具都是他純手工做的；他的編織也嚇嚇叫，一張竹椅能從頭編到尾，完全不必假手他人。沒事他就喜歡敲敲敲，花幾個鐘頭就能變出個板凳或櫃子，耐操又耐用，值得拍拍手用力誇獎。

國小時他幫我做了一個舞獅的獅頭面具，作品不但得獎，還被學校掛在校門口展示；還有一次是黏土勞作，居然得了美育獎，作品是一比一大小的楊桃，上色之後跟真的楊桃沒兩樣。一般國小生怎麼可能捏出那樣的楊桃？我超怕被老師看破，但奇怪的是沒有人懷疑，還大肆張揚頒獎給我，我一生絕無僅有的獎狀，就是爺爺幫我拿到的。

女孩就是用來疼的

爺爺非常疼小孩，還特別偏心女寶寶，我出生前他把

姑姑寵翻天，姑姑被寵壞，懶惰成性，我來了改成寵我，於是坐著等吃的就換了一個人。這部分姑姑對我很不滿，因為爺爺給她的愛被瓜分掉，而且大部分都落在我身上。

「坐著等吃」真的毫不誇張，爺爺手藝絕佳，光用醬油就能做出一盤美味炒飯，每天早上例行公事，都是他把我叫起床，幫我梳洗好，就讓我癱在椅子裡，我閉著眼睛讓他一匙一匙餵著香噴噴的炒飯，手都不用抬，只需咀嚼吞嚥就行。整個國小我都這麼過，嘴巴開開等他餵，而他也很喜歡這麼做，爺兒倆一個餵得勤、一個吃得香。你說這樣很廢？拜託！我家的生活情趣，你們不懂！

爺爺很愛載我去公園拍照，還特地買了一台傻瓜相機，專門用來拍我，跟卡通《櫻桃小丸子》裡的小玉爸爸一模一樣，也很像小丸子的爺爺。我小時候真的不好看，在他眼中卻是寶貝，東拍西拍不厭倦，不管我擺什麼姿勢或穿什麼衣服，他都覺得：「好可愛喔！好漂亮喔！」國中時我生了病變得更醜，他仍覺得：「好可愛！好棒喔！」他常說我是他的

心肝寶貝,用「心肝」或「寶貝」來叫我,溺愛程度
超級誇張。

美好回憶不可磨滅

我和爺爺對話夾雜雙語,國語、台語攏嘛通。小時候
我的國、台語發音還算標準,後來不知為何,兩種語
言逐漸融會貫通,最後自成一派,變成宛宛兒專屬
台灣腔。可能是因為從小跟爺爺雙聲道有關,混搭、
不正確或錯誤很多,才出現四不像口音,講得快一點
還可能打結。

由於被寵得沒大沒小,我對爺爺講話非常不禮貌,總
是頂嘴或呼來喝去指揮他,有時太過臭賤白爛,他還
是會拿藤條教訓我,打完再幫我擦雪蓮霜,就是搭遊
覽車常被強迫推銷的那罐神奇藥膏,阿公阿嬤都會搶
著買。

害我被打的那根藤條,沒處理是不行的,趁著爺爺不
在家,我把藤條藏了起來,以為這樣便高枕無憂,沒

想到他居然回豐原再去找一支新的回來，可憐的我！躲不掉「竹筍炒肉絲」的命運。

偶爾憶及與爺爺相處，像是他騎機車載我，我的小手抱不住他的大肚子，便用力拍他肚皮，惹得他嚷嚷：「很痛ㄋㄟ！」他是全家唯一會陪我校外教學的人，包括簽聯絡簿或家庭拜訪也都他一人搞定，我們搭校車一起看孔雀、看荷花，很好玩！很快樂！這些印在我腦中的畫面，現在想起來，還是很甜蜜難忘。

世界上最愛我的人

爺爺走後我夢見過他，夢裡的他慈愛如往昔，我嘗試道歉：「對不起！以前對你好兇，你需要我時，我都不在身邊，我好後悔！你…可以活回來嗎？」他生病跟我要過一千塊，為此我大發脾氣，現在不要說一千，再多我也肯給。我還想帶他四處玩，他很好約，不像奶奶只想懶在家裡，他喜歡跟我作伴，不管多遠多擠的地方，他都願意陪我一道去。

小欺大的零星實錄

恃寵而驕的我，做過的白目事不計其數，尤其對爺爺特別過分，罪狀多如繁星。例如，明知他接送我上下學很準時，卻故意玩很久才步出校門，害他不是在烈日下曝曬，就是被雨淋得一身濕。好不容易等到小孩，他忍不住抱怨：「很久ㄋㄟ！」結果我一點規矩也沒有，大聲頂嘴：「怎樣啦？」

爺爺是總舖師身手，不管煮東煮西都好吃，考慮小孩子愛吃炸物，他常特意炸雞脖子、炸地瓜給我吃，明明滋味不遜麥當當，我就是反骨嫌棄不吃。想起窩在狹窄廚房裡的他，總是揮汗如雨地辛苦做菜，但我們一家因為太常吃到，再豐盛也習以為常，沒半個人珍而重之。

國中時期我罹患甲狀腺亢進，當時醫師建議我最好每星期回診，先吃藥、照超音波控制、觀察病情，等年紀大些再開刀。因此爺爺每週六固定搭火車帶我去員林看病，我們坐最便宜的區間車，沿途車站像是大慶、成功、彰化、花壇什麼的，坐到後來我

全部如數家珍,背得呱呱叫!

但這不是去玩,七早八早被挖起來,我起床氣特別嚴
重,出門前就不給爺爺好臉色,搭車也不願與他同
車廂。爺爺好聲好氣央求,我全然不理:「我要一
個人坐,就是不想跟你坐!」他只好一路形單影隻。
返家後他委屈地向奶奶告狀,她唸了我一頓,提及爺
爺很傷心,當時我不以為意,現在想想非常後悔。

自責心痛回頭太難

跟一般傳統家庭差不多,我和爺爺的相處模式,也是
大的寵著小的,但不會聊天,因為也不知道要說什
麼。從小到大,我們都不曾觸及彼此心事,他的過去
我一無所知,但我翻他照片,還蠻帥的!年輕時也該
是讓人暈船的腳色。

他常常為了哄我,編一些善意謊言,像他早上不吃
東西,問他便回:「我不餓!我喝豆漿就很飽了。」
可是我長大後發現,只喝一罐豆漿根本不可能飽,他

就是省給我吃，以他的方式疼我。

後來他生病了，但老人家很固執，身體不舒服都認
為自己吃藥就會好，排斥看西醫。他常抱怨背很痛，
腳上傷口好不了，跑去找中醫的結果，是醫師直接
剪掉他的爛肉，但未探究引發的原因，最後因為不
循正確醫療管道，拖到後期才檢查出來，他從攝護
腺癌轉移成了骨癌。

爺爺一開始採居家照護，走路、坐公車都還行，但
他偏偏愛逞強。現在的租屋一樓沒廁所，他堅持不
用尿壺，非要爬二樓小解，結果一個沒踩穩摔下來，
頭破血流送醫。老人家真的摔不得，爺爺是在醫院
走的，從跌倒到過世，時間僅短短三個月。

以前我照胃鏡或甲狀腺開刀，爺爺一定陪在我身邊，
照顧我、安慰我，讓我不感到害怕！換他生病時，
我卻一心只顧工作，不曾陪過他，他都是自己拄著
拐杖搭公車去看病。每每想到這，我後悔又心痛，
但一切已無法重來。

你怎麼捨得我難過

檢出癌症後的某天，爺爺開口跟我要一千塊，說是想吃東西，那時家裡只剩大伯有穩定工作，我爸比較匪類，工作時有時無，這麼多張嘴要吃飯，根本入不敷出。我非常惱火：「為什麼全家人都跟我要錢，姑姑、奶奶、爸爸，現在連爺爺也來要，難道這個家全靠我了嗎？」我狠狠兇了他，錢最後有給，但他再也不曾向我伸手。

跌倒後，爺爺病況急轉直下，很快便無法完整表達，只能「喔！喔！」叫著無意義的單音。聽說奶奶去醫院看他時，他不理她，也不願跟她說話，可是跟我講電話會一直「咿咿！喔喔！」叫不停。

他離開的那天，奶奶幫他打電話給我，他吃力地叫著，要傳達訊息給我，但我無法理解。那時我在按摩店工作，只要業績達標，隔月便能休一整個月，我告訴他：「下個月我就回來陪你。」姑姑接過電話說他很喘，但我毫無危機意識，不覺得有多嚴重，我萬萬沒想到的是，他當夜就走了，我不再有陪他的機會。

聽到消息的剎那，我茫然許久，隨之痛心疾首，一顆心像被刀割，也似火燒。終於明白他那麼著急，是因為知道自己大限已至，亟欲見我最後一面，如果我能多花點心思讀懂他，是否他會走得沒那麼遺憾？

刻在我心底的名字

爺爺離開許多年了，他是這個世界最愛我的人，我很想、很想他。以前他常常騎車載我兜風，我十八歲打工存錢買的二手車，跟他是同款，YAMAHA 比安可 125。它發動的聲音跟坐起來的感覺，跟小時候爺爺載我的記憶一模一樣，縱使已經老舊，但我仍捨不得汰換它，直到現在還在騎。

我想念爺爺的方式能跟得上時代腳步，不是抱著舊照片，而是 3C 科技風。不同於別的女生拿偶像小鮮肉當手機桌布，我手機桌布就我爺爺，他是我的男神，大勢明星也比不過他。

身上的刺青也是為了紀念爺爺，因為太難過，難過

到需要轉移注意力，便請刺青師選一處人體最痛的
位置，刺上蓮花圖案，以示不忘這份刻骨銘心之痛。
結果……刺在側腰實在太、太、太痛了！下第一針我
就後悔了，長達三、四小時我是咬牙度過的，原本想
這麼做的目的是轉移傷痛，的確有轉移成功啦！我都
忘記爺爺了，只知道痛得要命！幸好爺爺只有一個，
讓我再去刺第二次，打死我也辦不到！

終於我有家了

三十歲就坐擁三間房，是許多人羨慕我的地方，當然更多人想問，到底是怎麼辦到的？其實沒啥祕訣啦！不過就是拚命賺錢罷了，同時我的物欲不高，四個小朋友不會長腳跑掉，錢財都能守住。另外一個重點是把握機會，有些人買屋常常考慮太多，在乎這個、介意那個的，如果房子條件還行，就有可能因為出手太慢，緣分不再喔！

到底租屋還是買房

每個人都有夢想,我也不例外,我以前的夢想就是擁
有自己的房子。這個夢想不是夢裡想想而已,它是一
個很明確的目標,我用了許多力氣和時間向它靠近。
圓夢不是一件容易的事,過程的種種,我十分願意
分享給大家。

我家是無殼蝸牛,房子從頭到尾都是租的,後來十八
歲離家闖盪,我仍然住在租來的房子裡。換來換去漂
泊不定,也沒辦法隨心所欲,極度缺乏踏實感、歸屬
感,是我想買房子的原因。我覺得,幫別人付房貸,
不如直接買屋比較划算,房租繳出去基本上就等於
打水漂,但是把養屋當作儲蓄,至少房子是自己的,
用來定居可以,想出租或轉手也行。

租屋老鳥的經驗談

租屋於我也非全然一場空,住過各式各樣房子的豐富
經驗,對買屋還是非常有幫助。當我住得越多,就

越能知道哪些是自己需要，哪些又是堅決不能忍的，多年默默累積條列的重點，最後就成為我購屋的條件，因此我入手的房子小毛病是有的，但至少不會踩到大雷。

例如以前我沒先打聽，就住進凶宅改建的套房裡，那陣子運勢不佳，也常和男朋友吵架，後來得知大樓曾遭祝融，造成不小傷亡，當下嚇得我連滾帶爬，速速搬離該屋，搬走之後，工作、交友很快便恢復正常。這個經驗告訴我，周邊住戶必須好好聊一下，是不是凶宅得探查清楚，進去就犯頭暈頭痛的那種，萬萬不能考慮。

還有一次是房子、房東都好，但大樓管理員不好，除了無法善盡收信、收包裹的責任，還會刁難數落住戶。這樣的管理員絕對會被打槍，但管委會居然能夠容忍，這代表管委會怠忽職守或不夠有力，萬一有事將無人出面處理，白花花的管理費只能付之東流。這部分亦可觀察公設，如果隨隨便便亂七八糟缺乏修繕，也證明管委會有問題。

土法煉鋼把錢養胖

二十六歲時，我攢了一筆錢足夠當頭期款，便毫不猶疑付諸行動，買下人生第一間房子，也就是我的「起家厝」。相隔三年，二十九歲又買第二間，是我目前的住處，而三十歲加碼所買的預售屋，則是我心目中理想的家。如今我還在物色適合的房子，為的是讓家人有安身立命的地方。

當年存頭期款花我蠻長時間，因為以前從事的工作，薪水都不高，扣掉繳房租、過日子所需，能存的相當有限。後來我就職於連鎖按摩店，公司提供吃喝，我省下伙食開銷，加上上班時間長，沒機會用到錢，積蓄便開始咚咚咚往上跳。

幾年後當上網紅，斜槓加開掛，不管是主持活動、上通告或接業配賣東西，只要是有良心的錢我都很努力賺，至此我的存款數目才算真正突飛猛進。之後再創立自己的賣場，迎來高額報酬，收入倍數成長，買房子可以動用的預算，也就增加了，順便還能一口氣背三間房子的房貸。

一開始收入不豐時，我的理財非常簡單，尤其剛離家那兩年，沒多餘的錢可以存，時任保險員的男友灌輸我分散風險的觀念，所以買保險成為我的第一優先。我先入手意外險、醫療險，至少出事還有保險可用，等到收入增加時，再買可以存錢的儲蓄險，基金、股票我都外行，選擇儲蓄險雖然保守卻安全，我也比較能安心。

一個錢打二十四結

除了「努力賺」，「不亂花」也是我存錢的不二法門。小時候看家人背債、黑道上門，「錢很重要」在我心裡早就根深蒂固。我最大樂趣就是數鈔票，沒有錢就沒有安全感，為了不讓自己缺錢，任何有可能導致「浪費」的事情像是吃喝玩樂、嗜好收集等，我都不太有興趣接觸。

我是那種幾乎不花錢的人，以前跟朋友聚會，她們到貴的餐廳吃飯，我就去一旁的便利商店隨便吃，等她們吃完再會合；有時是大家一起吃，但我往往點最便

宜的菜色。這麼做就是為了省錢，不想花那麼多錢在享受上，認為很不值得。我還記得那時打工的同事對我很好，我跟去聚餐的話，他們會特別多點幾道菜，一旦出現「叫太多吃不完」的場面後，再由我收拾，吃掉多餘的菜餚。

同事不要的二手衣，我也不介意接手，有些人可能投以異樣眼光：「好可憐喔！總是撿別人的舊衣服。」但我並不覺得自己可憐，相反的我還穿得很開心，經常有新衣服穿，真心覺得好棒！事實上，這些二手衣常常只穿過一次，因為女生購買力驚人，看到喜歡的就瘋狂買買買，有人願意幫忙清理衣櫃，她們高興還來不及呢！

還有一些是從小這麼被養大，習慣成自然，像是口渴就灌開水，那些冰冰涼涼、香香甜甜的手搖飲、罐裝飲料，全都無法誘惑我；還有，夏天別說冷氣，我連電風扇也不必開。小時候我家哪有冷氣可吹？電風扇是有，但卻是小小一支頂在牆壁上，轉來轉去大家一起用的那種。

沒辦法消除暑氣，我家到處都很熱，那麼熱就熱啊！
又不會怎樣，我早就養成習慣，天氣熱就讓它熱，因
為沒有能力改善環境，我們就想辦法讓身體去適應
它。直到現在，不管房間再悶，我只要躺著不動就沒
感覺，甚至覺得溫度有點燒燒夯夯，很是舒服好睡。
現在夏天越來越熱，偶爾我也會開幾個小時冷氣睡
覺，但幾乎都還得蓋被。

買房最適合我的
鎖錢神器

買房子的目的，不外乎投資或自住，我呢？明顯是後者。一開始
是為了圓夢，購買一戶自有屋，等到住進去之後，基於需要，這
才陸陸續續入手第二間、第三間，它們之間是有連帶關係的，並
不是有錢我就卯起來亂買。還有一個原因是鈔票一年比一年薄，
買房子可以守成與保值，是最適合我的鎖錢神器。

眷眷之心留連不捨

我買的第一間房子在台中南區，距離供養爺爺神主牌的廟宇只有五分鐘車程，我去看他很方便。爺爺的牌位原本放在家裡，但我每次回去，水杯永遠是空的，也不見焚香痕跡。看到家人這麼對爺爺，活著不好好照顧他，死了也不好好拜，我渾身不舒服。我擲筊問他：「我們不要住家裡，去佛堂跟神明一起住好不好？」爺爺馬上答應，於是便擇吉日，將牌位遷移宮廟安奉。

斯人已矣，何者慰藉？我尚且不願離去，還想守在逝去的爺爺身邊，因此便以他的牌位為中心點，認真啟動了尋屋計畫。一有空閒，我就騎著我的比安可巡遊周邊社區，到處問：「你們有空屋嗎？有人要賣房子嗎？」偶爾也委託仲介帶看，但大多數時間都用這個土方法，騎著歐兜邁在附近一間一間詢問。

這天，照例一步一腳印找屋，一位管理員阿北明白我的來意後，很熱心地薦引該社區空屋，我上樓看了看格局，沒有很喜歡，正想道謝離開，阿北忽然

又提起對面住戶好像也想賣，我心想，也好！便留下電話號碼。可能是緣分到了，大約一週後，我接到屋主來電，表達賣屋的意願，於是雙方安排時間，約好看屋面談。

帶來財富的好房子

屋主從事補教業，房內還有一些私人物品尚未搬走，我注意到當中有不少神像、水晶等開運招財的擺件，聊了一下，發現他是個學佛之人。大概從小隨爺爺四處進香，我蠻喜歡跟這類人接觸，因此大家相談甚歡。房子我很中意，裡頭的浴室也重新裝潢過，心想：「風水良屋就是它了！」最終談妥五百五十萬，買了！

就這樣，我買到了房子，沒靠任何仲介，完全是我騎歐兜邁騎出來的。房子含車位總坪數三十六點六坪，格局包括客廳、餐廳與二加一房。這時候我已經運營網路商店，所以這裡是我的住家，也是我的倉庫，人跟貨全部堆在一起。

住在屋齡偏高的大樓，好處是虛坪很少，坪數實在，但因為早期沒有無障礙設施規範，電梯前及其他空間都有上上下下的樓梯。我住了三年，每每出貨都超痛苦，推車遇到樓梯就要扛上扛下練臂力，麻煩又費勁。後來出貨量不斷攀升，家裡已經「貨滿為患」，走路必須閃來閃去，甚至溢到客廳，連包貨的位置都不夠用，便決定另找新居，同時記取這次經驗，絕對不能再出入「有礙」。

目前這間房子出租中，雖然它是「起家厝」，買時我也很喜歡它，但是老屋價值有限，如果換成現金再去投資別的，回報率應該會更好。它給過我很棒的居住環境與回憶，對我來說，這就夠了！所以等「房地合一稅」訂定的持有期間一到，我打算賣掉它，預計轉手可進帳七、八百萬。

紓壓放鬆的景觀宅

工作越來越忙，我沒辦法再像上次那樣騎機車四處問，所以第二間房子是透過房仲買到的。考慮儲貨、

出貨的需要，這次我想換四房大空間，不過，若坐落在市區的話，這類格局與坪數的房價肯定很高，我資金有限，故退而求其次，買在稍微偏遠的北屯區。

我非常喜歡這棟房子，因為格局很方正，四房兩廳含車位共六十坪，總價一千三百多萬。前任屋主是職業軍人，放假才能回來小住，所以屋況很新，使用率不高十分乾淨。全室通風明亮，採光又好，視野又漂亮，遠山與快速道路近景都能映入眼簾，回家就像渡假，真的很舒適！

俗話說「千金買房，萬金買鄰」，這兒居民素質偏高，大家碰面會打招呼，很有禮貌，這讓我深深有感，鄰居比房子重要，但這種事沒住進去也不曉得，根本無從預防，只能多拜拜燒好香。

住大樓真的上下左右會互相影響啊！我們每晚包貨到半夜，擔心住在樓下的阿嬤會很痛苦，覺得我們好吵，所以我們工作時非常小心謹慎，深怕一個不注意，東西掉到地上。我們最常互相叮囑：「阿嬤生氣囉！阿嬤要生氣囉！小聲一點啦！」阿嬤有聽到嗎？

我們真的很在乎妳唷！

一直憧憬的東區家

北屯房子有四個房間，一間當臥室，一間當梳化衣帽間，另外兩間拿來儲貨、包貨。然而，這兩間又快不夠用了，所以我只好換租倉庫存放貨品，順便兼營實體店面，不然也不可能再換更大間的房子了，又不是在印鈔票！購屋預算哪有這麼多？

我還是嚮往在東區買屋，畢竟從小混到大，現在住北屯我一點也不熟，附近怎麼走？哪裡有賣吃的？我完全不知道，連帶影響我出門的意願。所以我開始注意東區的房地產新聞，發現即將開幕的三井 LaLaport 隔壁有預售屋，我抽空去賞屋感覺蠻喜歡，心底盤算頭期款可以分階段慢慢繳，付款較為輕鬆，地緣關係又是自己很想要的，而且購物中心進駐商圈深具發展潛力，便再度下手，買了！

這次看的是三房兩廳，還多了個宜居陽臺，總坪數

四十，房價超級貴要一千八百多萬，但因為兩個月付一次，每次繳六萬，我覺得壓力不算大，是可以接受的範圍。這房子離完工尚早，怎麼規劃我現在還沒有個定案，反正扛得住，先下手為強就對了！日後再從長計議吧！

我的買屋攻略 SOP

買屋投入金額龐大，眉眉角角又多，審慎評估是不可缺少的，但是也沒必要過分小心。有些人今天看這間，明天看那間，看了幾十戶，每間都雞蛋裡挑骨頭，不是十全十美就不要，東挑西撿的結果，就是日子一年一年過去，孩子都長大了，仍舊沒買上半間。眼睜睜看著房價日益高漲，自己卻永遠追不上，心有餘而力不足，只能徒喚奈何。

有緣之屋快來報到

除了手上的三間房，我還想買第四間給家人用。現在他們租的房子一樓沒廁所，奶奶行動不便無法爬樓梯，只好使用便盆。雖有姑姑照顧，但她們的衛生習慣本就不好，我每次去看她，一開門便是薰人作嘔的臭味撲面而來，弄得我都不敢回去，這樣的房子奶奶住起來很不便利，不如我就買個如廁方便的房子給她好了。

預算上大概是六、七百萬的房子，我們不講究豪華，只求不必再付房租，居住品質能升等，應該就很夠了。我想要一樓，或者是電梯大樓，房子本身及公共空間都要有無障礙設施，同時離醫院近一點便於奶奶復健。條件加起來林林總總，能符合的物件真的很少，所以我廣撒英雄帖，透過仲介、PO 臉書等方式，請大家一同幫忙，相信很快就能找到合適的。

其實，原先是有看中一間喜歡的房子，跟屋主談妥售金五百九十八萬，隔天都要簽約了居然跳票，後來才知竟是殺出個程咬金，被人出價六百五十萬半

路劫走。我有點忿忿不平，已經說好的事怎可如此沒信用？後來朋友安慰分析，說我太急了有些衝動，很多老房子的管線轉折處設在二樓，若發生排水管回堵或爆管就很麻煩，沒買成就當老天爺幫忙⋯⋯也是，好吧！算了！下間會更好。

規劃財力輕鬆買屋

估算了一下，三間房子加起來，每月貸款金額共九萬，第一間有房租收入可以抵繳，第二間約需三萬多，第三間預售屋是每兩個月六萬。而我現在的薪酬包括演出、廣告代言、商品銷售等，每個月已相當穩定，所以這樣的壓力，現在與未來都是能夠承受的。

有些人一出手就是三、四千萬的房子，貸款動輒十幾、二十萬，跟那個比起來，我們當然是小巫見大巫。但買房子不能光看房價，了解自身財務與還款能力，稅金、裝潢費等也要事先評估清楚，才能買到心目中的理想好屋。

購屋之前,要先計算好未來房貸每月要繳多少,自己的工資如果付出這些錢,剩下的能不能吃飯過生活,有些固定要繳的像是保險等,也得衡量夠不夠用,必須全盤考慮精打細算,不能一時衝動說買就買。

若有一百多萬自備款在身邊,我覺得就可以買房子了。一開始先買差一點的沒關係,買到至少是自己的,之後認真打拚賺錢,可以再慢慢換比較好的房子,我就是抱持這樣的想法買屋。首購的房子,一定有所缺陷或是不喜歡的地方,但因為預算只有這些,所以先買六、七十分的房子,之後舊屋換新屋必然越換越滿意。先求有再求好,不好高騖遠,是我買屋攻略 SOP。

有些人覺得買屋不能屈就,不是理想的就不願意買,但資金又不夠買心目中的好房子,所以只能日復一日繼續租屋。這樣真的不優,租金繳出去就不見了,寧可選個小小的、鳥鳥的、普通的物件,雖不是心目中最好的,但勉強可以接受,也沒有漏水等惱人的問題,我覺得這樣就行了。

先買小屋再換大屋

明明預算沒那麼多，卻想一次到位，又要居住大空間，又要豪華級公設，飯店式管理也不能少。錢就是不夠嘛！這種樣樣具備的房子，根本邊都摸不到，還不如實際點，房子可以住就趕快下手買，買了就是自己的資產，到時想賣、想租都可以。

老是怨嘆賺錢追不上房價，問題是越不買只會越追不上而已，房價漲幅有可能比薪水漲的速度慢嗎？薪水可能五年、十年不見漲，房子可是每月、每年都在調。看看沒多久以前一盒才六、七十元的雞腿便當，現在已經超過百元回不去就知道了，當然有便宜的房子就要先下手，還等什麼？

依我買屋的經歷，物件有個六十分，價格又划算的話，就要給它催落去。說實在的，現在想買到便宜的房子太難了，好康的早被人內定搶走。所以房子只有六十分不要緊，若可以靠裝潢或其他方面來改善，那就別客氣，再不出手就換別人出手了。

部分瑕疵像是牆壁漬痕、磁磚膨拱等,可以上網查一下如何檢查,能夠修復或者修復成本不高的,這些問題就不算問題,可以請屋主處理,如果屋主不想處理就跟他殺價。我比較在意的是水壓,有些大樓加裝馬達依然沒用,出水照樣不大也不強,我看屋時都會打開浴室水龍頭,只要蓮蓬頭出水沒力,我就不考慮。

聰明省錢的好方法

有人問我,一般上班族的死薪水,扣掉房租後已剩沒多少,該怎麼存到一百萬呢?很簡單呀!不要看到錢,把錢放進定存裡,不讓身邊有錢,也不要辦信用卡就行了。我覺得信用卡根本是個害人的東西,誘導人花錢沒節制,以前我就堅決不辦,現在有辦也只是用於代繳,避免忘記交水電、瓦斯、電話費什麼的,不然就是搭高鐵買票而已,絕對不會拿來買東西。

還有一點別忘記,房子買到之後,裝潢也是一筆不小的開銷,如果起初預算不多,先整理得順眼乾淨就好了,日後有錢再慢慢布置。在裝潢費有限的情況下,

水電這類基本民生一定要優先排位，有問題一定要修理到好。至於像是牆壁髒污、地板掉皮這種的，只是有礙觀瞻而已，並不會影響日常起居，反正走路不會跌倒，也沒有受傷可能的話，便可以緩一點，暫時先這麼住著。

Chapter

走過的那些路
除了堅強別無選擇

那些打工的日子

說起我的打工史,根本是一碰就爛的草莓族歷險記,不管上什麼班、做哪種工作,全都幹不久,不是覺得很累,就是同事太機車,害我身心受傷害。人家算的是年資,我呢!一天到晚捲鋪蓋,試用期都撐不滿。不過,再脆弱的草莓族也有當上老闆的一天!以我為例,只要遇上好瓦匠,爛泥一樣扶得上牆!

從此踏上打工之路

差不多國二開始，我就到外面打工了，因為國中生尚未成年，所以我都去大街小巷亂晃，看到店門口貼著徵人啟事，載明時薪還OK的，我就進去丟履歷。以前我會隨身攜帶很多簡歷去掃街，十塊錢一包的那種表格，不然就參考報紙上的點將錄，找找看有什麼職缺可以做。

我做過的工作數不勝數，知道的笑我一年換二十四個頭家，不知道的會被我的「驚歷」嚇好大一跳。我初試啼聲是在一間麵線店，從頭到尾只做了七天，不是嫌時薪七十元太少，而是大家都很忙，我孤獨地洗碗、端盤子，話都說不上幾句，實在無趣極了，便沒有意願再去。

接著是賣起司馬鈴薯的老闆找我顧攤，他細心教我怎麼切馬鈴薯，如何製作成品再淋上美味醬料交給客人，但這份工作只維持了一天，誰叫那個煎鍋那麼重，我完全不想抬。隨後我又當上美髮店助理，這個不得了，做了至少有兩年，心得可以說上一說，

絕非兩句話便帶過。

我主要的工作是幫客人洗頭、上藥水、吹乾頭髮、清潔地板、整理毛巾、丟垃圾等,平日上班從下課到晚上九點,假日就去一整天,每月可賺八千至一萬。厲害吧!我不過就一個十四歲小朋友,居然能掙到這個數目。

美髮店的工作有苦有甘,缺點是因為不斷碰水,導致雙手龜裂甚至出血,讓我痛得要命,唯一的辦法只能抹凡士林;好處是老闆提供員工旅遊,聚餐也不用我出錢,全部都吃老闆的,好夢幻!好完美!我簡直樂不思蜀。

美髮院的點點滴滴

若問我:「所有兼差工作中,最喜歡哪一個?」當然是在美髮店當洗頭妹。從小我就沒朋友,這裡有同事、客人一起聊天,可以認識很多人,他們的年齡都比我大,天南地北無所不談,很有新鮮感,從閒聊中

我還順便學習新技能，學會如何打扮自己。蹲點兩年，不是為了當設計師，純粹有人陪伴，那種歡樂的感覺，讓我非常喜歡。

我看家本領是洗頭，是店裡的洗頭大王，其他項目都爆弱，但是我洗頭超強！她們叫我學染、燙，我學不起來，就只會洗頭，所以就一直洗一直洗，最後變成洗頭最強的那個人。原來，一件事情你一直做，功力便無人能及，「熟能生巧」真的是硬道理。

我出師之前也老是挨罵，像是把水噴到客人臉上啦！泡沫沒沖乾淨啦！洗完頭順便把客人的領子也弄濕啦！頭髮從不打結弄到打結啦！各種不會一大堆，遜咖到令人生氣，但主管沒叫我走，仍然耐心教導我，所以我覺得上這個班很棒，工作氛圍佳還能學到滿點技能。

超強洗頭術還讓我交到男朋友，我們美髮店男、女客兼收，有位常來洗頭的男生都由我負責，我們聊得很愉快，便對他有了好感，我約他去拍貼，玩那種可以拍大頭貼的拍貼機，也去玩夾娃娃機，他夾到海

綿寶寶送給我，齁～！好甜喔！我覺得我愛上他了，我要嫁給他！國中快畢業時，愛情第一次萌芽了，不過跟我同學比起來仍算晚熟，她們早就偷偷談校園戀愛，談到不知哪邊去了。

一壓就扁不耐操

接下來我成了服飾店店員，在一中街賣衣服，大約做了三個月，還挺久的，所以我有印象。記得那裡的同事不是很友善，資深員工會對新人擺架子，我年紀小什麼都不懂，她們就故意在我眼前晃 LV 包羞辱我。她們也常責備我記不住尺碼、編號，語帶諷刺罵我笨，覺得我很沒路用。

檳榔西施我也當過，但是我怎麼切荖葉都切不好，整整一個月，新手還是很難上路，而且業績也輸給對面大箍ㄟ，她都賣得比我好，不得已我只好開除老闆，以示謝罪。我真是名符其實的草莓族，做什麼都不行，以前被家人照顧得太好，成了嬌生慣養的人，一到外面就變得肩不能挑、手不能提，樣樣都覺得累。

之後我去加油站上班，這裡也待過兩年，直到我十八歲出社會。這裡也不錯，加油員都是年輕人，大家嘻嘻哈哈也蠻快樂。但我經常賠錢，那時候收錢、找錢不是靠收銀機，是要自己算，我算術很差，必須隨身帶計算機，情急按錯天天有，光是貼錢我都飽了。

不讀書也能有大作為

我學習本來就不好，因為不愛讀書才跑去打工，所以一邊上課一邊工作，對我一點影響也沒有，反正成績本來就吊車尾。我沒有因為打工而在課堂上打瞌睡，但發呆倒很常發生，老師對我發呆也習以為常了，不會特別注意我。我很容易耍廢放空自我，就連現在也是！根據研究，每天停機幾分鐘，可是紓壓的好方法呢！

一個人成功的方式有很多種，讀書不是唯一的出路，與其讀很多書，不如懂得做人還來得重要。我看過很多高學歷的人，卻一點同情心也沒有，凡事自我為中心，不考慮別人感受，也不願意幫助他人。

或許有些人跟我一樣，生長環境不好或者遭遇困頓，請別灰心喪志，人生都是有高低起伏的，現在過得不好，不代表將來不會好，所以不要一直往壞的方向去想，保持樂觀正面加上努力，必然會有好事降臨。

我也想請生活不如意的朋友盡量遠離損友，找你打牌、找你喝酒、找你做壞事的朋友都不要去接觸，因為真的會被影響。如果希望好事發生，就要多多接近正氣的人，大家不妨來接近我，常常看宛宛兒，好事也會發生唷！

只要我長大
出社會後我做過的工作

十八歲，長大了，開始有自己的想法，性格也變得叛逆，我喜歡
外面的世界，想也不想就離家。當時一心只想玩，把書本甩一邊，
找的工作也越來越重口味。幸而我膽小謹慎，縱然接觸的環境與
朋友較混濁複雜，卻始終保有良善初心，沒有走上歪道。一如我
身上的蓮花刺青，黥記我一路的成長，並時刻惕勵自己，出淤泥
而不染。

做太多差點記不住

我高中讀的是服裝科，還差半個學期就畢業，但我不想再等，反正書本來就念不好，修學分還要再交錢，我覺得沒這必要，便二話不說休學了。那時我打工已經數年，個性轉趨討喜，算是班上的搞笑擔當，所以老師對我很好。她給同學出的考題是完整做出一套衣服，但只要求我縫一百顆扣子就過關。

我從不用心在課業上，老師也知道我沒能力做衣服，所以另尋他法讓我低空飛過。可是我就是反骨，不願意做，同學紛紛規勸：「老師很厚待妳了，縫個扣子就能畢業，妳還不要，到底想怎樣？」唉！我就是白爛不懂事，老師、同學、家人的苦口婆心，我全沒聽進去，鐵了心離開學校，也離開了家。

不念書意謂可以找薪水高一點的全職班，我辭去加油站的工作，跑到夜總會當小公關，台上有外國金絲貓火辣熱舞，我則輾轉於座位包廂，勸進客人喝酒，也陪他們小酌幾杯。不過，還沒看明白金絲貓的長相，兩星期後我又換工作，這次是在撞球館做外場，

每天整理球桌、洗球球、打掃衛生，若有人點珍珠奶茶我還要收錢做給他喝。

當然我沒錯過柏青哥遊藝場，別看小鋼珠小小一顆，成堆擺盒子裡重量可驚人，我拿不動也不想拿，於是重播「上班一日遊」收場。還有也在色情網站跟人視訊聊天，穿著性感跳舞給對方看，跟前經紀公司招攬我做的事差不多，只不過這裡要自己跟會員打字聊天，前經紀公司那邊有專人做這個，我只需上鏡表演。

衝業績卻天人永隔

某天，我走過路過經過一家連鎖按摩店，看到門口貼紅單，講明保障底薪三萬五，我的老天鵝！薪水這麼高，無經驗可，這怎麼能錯過？於是進去面試。店裡蠻多名流、藝人來消費，員工長得順眼是默契，鼻歪嘴斜大概沒機會。從事按摩不需要大力士，培訓期間有教我們利用身體重量去按壓，不是光靠手指或手臂出蠻力。

按摩店源自連鎖大集團，消費偏高，客層多為大老闆
或公司主管，對當時的我來說算眼界大開。不少客人
非常大方，會送花、送東西給美容師，或者請客吃
吃喝喝。不過，我也有遇過變態男客，一直要我按別
的地方，我白眼都快翻到後腦勺了，回他：「先生！
我們這裡是健康的養生會館，您別繼續說囉！再說會
被趕出去喔！」

有單的話陪客人聊天，沒事做就跟同事哈拉，不想
打屁也可以偷懶睡覺，按摩店日子很愜意，所以我
待了近兩年。這裡講求業績，每月接待客人有扣打，
表現良好時常超額的話，只要年資達標，就能升職加
薪並享有員工旅遊福利。爺爺走的那天，我只差一個
月年資將滿，但所有努力剎那間不再重要，我非常傷
心自責，已無心於工作，隨即向公司請辭，只願好好
痛哭幾場。

打發無聊意外爆紅

離職後，我只做一些零散工，在 SG ／ PG 活動發案

社團搜尋 Show girl、酒促小姐、外拍模特兒、Dancer之類的職缺，如果有人 PO 徵才訊息，我想接的話就丟 Model card 上去，業主看過履歷資料覺得合適的話，便會通知上工。這種接案機會並非天天有，因此我工作有一搭沒一搭，賺的錢只夠勉強餬口。

我常接 Dancer 工作，表演場地或為廟會、或為酒吧，我尤其喜歡當廟會 Dancer，那種站在戶外舞台或吉普車上，大家爭相觀賞的排場，特別飄飄然引人陶醉，彷彿自己就是個大明星。如果場景換作酒吧，我的表現也很給力，各種互動如拿冰塊撩客人，或叫他當鋼管磨蹭不休，被逗樂的他們給小費毫不手軟，結局就是你高興、我高興、老闆高興、大家都高興。

工作量太少，很多時間我沒事幹，便大量拍影片自娛，獨樂樂不如眾樂樂，影片也 PO 到粉絲頁供網友觀看，就這樣粉絲越聚越多，我意外成了網紅，之後也才有誤簽經紀公司的情事，並一路走到今天。

突破瓶頸走出困境

以往的工作只能消磨時間，上、下班固定，日復一日做的事都差不多，就是賺死薪水度日子而已，產生不了衝勁跟火花。自從當了網紅，生活變得多采多姿，有時候業配、有時候主持、有時拍廣告，工作新鮮多變，也能認識很多人，有點像當明星，蠻接近我的願望，故而我樂此不疲。

對我來說，提早出社會是值得慶幸的，從小被關養不諳世事，無從獲得社會化學習，不懂如何與人社交互動，上學總是被排擠、受欺負，只好一味迎合人家，但心底又一直覺得很委屈、不舒服。打工幫助我探索自己，有勇氣融入人群，還找到適合的人生方向，是珍貴的修習，也是課本給不了的生存教育。

數年之前，我覺察到粉絲頁限制流量，導致業配越接越少。我做事喜歡走一步、想百步，便突發奇想自創品牌開網店，現在也有了實體店面，除了化被動為主動，避免路越走越窄之外，也可以試著開闢財源，增加收入。本來只是兼著賣沒有很認真，結果做到現

在，賣產品倒像我的正業，其他反而變成副業。

這幾年我能買房子、有積蓄，的確是靠網拍幫助，如今我當網紅只有久久接一次業配，或新人結婚偶爾找我主持，工作量大為削減。沒辦法！新人層出不窮，大餅被瓜分，人人咬一口，誰都吃不飽，我只好努力轉型，方可提高競爭力賺大錢。

別再說：
「你媽知道你這樣嗎？」

網紅當到現在，有個現象一直很難明白，就是總有一堆酸民吃飽沒事幹，對某人或某事有成見，卻又特別喜歡關注討論，講白了就是「愛看又愛嫌」。他們躲在鍵盤後面，用尖酸刻薄的話謾罵攻擊，還住海邊管很大，動不動就把別人的父母扯進來。是說，不喜歡你就別看啊！沒事找事興妖作怪，很花時間與腦力吧！你不累嗎？

太惡質刻意挑事端

成立品牌賣貨之前，我從不在意形象，不管搞笑或清涼一點的照片、影片，都一股腦地 PO 上粉絲頁，曾被一些很有事的酸民，以「裸露」為由向 Facebook 檢舉，害我貼文被鎖被刪。奇怪欸！性感不等於色情吧？我穿著並不算露骨，卻因酸民的眼睛、心態帶黃不健康，遭受池魚之殃。

更有甚者，還毒舌把我家人拖下水，批評：「妳這行為很不檢點，妳家人知道嗎？」、「我是妳爸就把妳掐死！」等語，到底跟家人有什麼關係？自以為是地教訓別人，裝得好像自己多高尚，你愛踢館是你的事，看不順眼酸幾句也由得你，但白目到把戰火擴及到我家人，想請問：「你真的認識我嗎？憑什麼羞辱別人？你到底算哪根蔥？」

我做的事我家人全知道，以前在檳榔攤上班，爺爺還載我去呢！對於酸民的惡評騷擾，我爸和奶奶也拍片力挺我，奶奶是溫和派：「不用去理他們。」老爸則走激進路線：「恁北攏沒咧管啊！你是咧管

三小?」有時酸民也拉我媽進來:「妳媽知道妳這樣嗎?」我會回:「你可以去陰間問她!」這麼愛問就下去問啊!有本事別上來。

詼諧看待酸言酸語

之前想買房給家人,卻遭屋主反悔,這事我 PO 文不到三小時就上了網路報導,一些手腳快的酸民迅速留言:「囤房就囤房還牽拖奶奶,最好稅金收高一點,罰款再重一點。」購屋的確是為了家人,何苦誣陷我囤房?編派造謠詆毀別人,顛倒黑白混淆是非,造口業終將受到反噬,凡事皆有因果報應,奉勸酸民別太鐵齒了。

不管用意好壞,社群留言我都會看,而且訊息一定回。以前我較容易受酸民影響,三天兩頭生氣抓狂,應付辦法不是不甘示弱罵回去,就是拍諷刺影片宣洩情緒,最後再封鎖這個人。現在的我見慣大風大浪,再怎麼指手畫腳亦很淡定,還能幽默反戈一擊,重點是不必動手,只要截個圖 PO 出去,粉絲就會幫忙撻

伐,砲轟你!灌爆你!看你怕不怕?

不管做得再好,都會有酸民來報到,既然要當網紅,總要有人看才有人氣,不如敞開心胸接納他。其實酸民也很挑人酸呢!他就是要酸給大家看,如果找個沒沒無聞的對象,留言不就沒人欣賞?所以他一定得找個流量高的地方,保證貶損踩人的表現能放送出去,不然不就酸得很沒意義?想透這一點,我立刻茅塞頓開,還誠摯歡迎你來!

酸民請進歡迎光臨

以往我會網搜自己,認真去看相關報導,如今都懶得看了,因為講來講去就那些。在年輕人愛用的 Dcard 搜尋「宛宛兒」,頂多也只有我賣的某項產品好不好用之類的討論,並無黑我、攻擊我的八卦言論。基本上,台灣人還算溫和,其他國家的酸民文化更可怕,有的是用字粗俗低級,有的惡毒到人神共憤。一代女星阮玲玉便是遭到輿論抹黑,於二十五歲仰藥自盡,留下「人言可畏」遺言。

我心臟夠大顆，不會在意鄉民言論，你講你的，反正我是在做功德。一個人過得很不好，才會靠打壓別人求取內心的平衡與慰藉，他們非常期待這些攻擊帶刺的話，最好聽的人真的往心裡去，只要把人拉下水，就可以彌補不滿與自卑，產生優越感。

沒關係！我很大方，給你數落給你酸，反正造孽的是酸民，我不計較自有福報。酸民來逛一逛也不錯啦！你留一句、他留一句，讓宛宛兒熱度蹭蹭蹭往上飆，如果我去回應留言，還會吸引一大票看熱鬧的人，順便帶動售貨量節節攀高，成效超好的，所以我真心覺得酸民是一種另類帶財的東西，貢獻非凡。

提升心靈的正能量

之前有個阿北留言酸我「沒特色」，這點非常扭曲事實，去哪裡找像我一樣頭大臉大、台灣國語還能講成這樣的女生，而且唱歌、跳舞、演戲樣樣都會。當時我拍片反駁：「批評我沒特色很說不過去，因為我實在太有特色了！」漂亮皮囊會看膩，有趣靈魂才

是我的特質好嗎！

阿北還嘲笑我，腹部一圈一圈像三層肉，我再拍片幹譙他：「誰坐著肚子沒一圈一圈，再瘦的人也一樣，有沒有知識啊你！」反正酸民就是希望惹你生氣，得到你的關注，他們根本就是比粉絲更愛你的人。

不似以往很敢講，如今我 PO 文的內容，較敏感的已不再碰，例如演藝圈誰劈腿啦、誰偷吃這種，我會選擇避而不答，雖然我有自己的看法，但沒必要講出來，誰知道會引發什麼效應，以及會持續多久，畢竟事情的真相只有當事人才清楚，這種事我就絕對噤口。有些人自覺正義，不干他的事也要跳出來罵人，但未知全貌便應該不予置評，隨意站隊發表評論，極有可能引火上身。

粉絲對我很重要，我從小沒朋友，非常喜歡這種被很多人愛的感覺，粉絲還會挺身而出，保護我不受酸民的氣，如果沒有粉絲我就沒辦法當宛宛兒，所以我很認真經營粉絲團，訊息我都親自回，而且每天一定清零回覆到完。

我也希望酸民多多陽光思考，人生實在太短暫了，應
該想辦法快樂起來。我以前也很容易負面，像是跟男
朋友分手就要聽苦情歌，把自己關在房間哭，還要
邊騎摩托車邊流淚。現在呢！我不再當悲劇女主角，
朋友、家人的溫暖帶給我力量，我亦期盼餘生，做更
好的自己。

霸凌的總合

被霸凌已經很可憐，人人都來霸凌更可悲！國中三年是我一生最慘澹時期，由於不敢吭聲好使喚，我成為多數同學欺負的對象。當年的創傷至今無解，追憶起來依舊是場夢魘，如果真有時光機可以回到過去，我一定反抗正面剛，不會給人得隴望蜀的機會。呼籲同樣遭遇的你，拿出膽量與氣魄，硬起來！嗆回去：「放馬過來，恁北等你！」

美國仙丹變形記

我在求學時期很難集中精神，容易給人散漫的印象，因為看到字會頭暈，老師在台上講課時，我不是在恍神，就是在亂畫課本，幫古人添刀疤或留鬍鬚。小學時我的成績落在全班中段，國中盡量不吊車尾，後面高中就隨它而去，反正成績越考越爛，那就爛到底吧！我不想努力了！

學習能力太差，常被懷疑「很笨」，連我都認為自己一無是處，加上缺乏交際能力，小學的我已經收穫不到友誼，快升初中時還屋漏偏逢連夜雨，罹患甲狀腺亢進，一開始採藥物控制三年，俟畢業後才動手術杜絕根治。所以國小我只覺得孤單而已，上國中才發生嚴重的霸凌。

長期服用類固醇，副作用大大影響我的外觀，除了月亮臉、凸眼症、脖子腫，身體還胖得像吹氣球，整個人有如一隻醜陋的蟾蜍。同學們衝著我叫：「呱呱呱」，幫我取綽號「牛蛙」，我生氣委屈卻敢怒不敢言。如今提及此事，我平淡帶點無奈：「他們笑我，

就讓他們笑啊！」

吃藥也連帶影響情緒，容易憂愁抑鬱，且時值青春期很在意別人眼光，所以我極度自卑沒自信，產生自我懷疑。我不知道同學為何欺負我，但或許這一切的一切，加起來就是我被霸凌的理由。

連連惡行宛若地獄

細數我的受辱史，真是滿腹辛酸淚，舉幾個例子來說說。有一次學校某間廁所門鎖壞掉，不知情的我走進去，被躲起來的同學逮到機會，突然把門打開，供大家看我蹲一半的糗樣，還大肆譏笑我屁股大。我崩潰到想逃回家，輔導老師得知後訓斥了同學，然後叫我回教室繼續上課。

另一次是上電腦課，擺在門口的鞋子被人藏起來，我找了好久才找到，但上課鐘聲已響，進教室遲到的我，被導師厲聲責罵；還有一次午休，一個女生把我的飯盒藏起來，要求我道歉，才要透露藏匿地點，

我莫名其妙，不曉得做錯什麼，正僵持不下，一旁同學勸我乾脆賠禮，趕緊把飯吃一吃，我只好委屈地跟她說對不起。但就算知道飯盒下落，飯菜也所剩無幾，裝的量完全不夠填飽肚子。

排隊盛飯時，永遠有一群男生跑來插隊，讓我越排越後面，吃不到菜也喝不到湯，常常乾吞白飯；營養午餐水果如果是荔枝之類，同學會趁我午睡時，把吃剩的殼和籽堆到我的桌面、抽屜、椅子底下，我只能默默自行清理。放學時，幾個女同學總要我幫她們揹書包出校門，她們走前面嘻嘻哈哈，我則在後面重到直不起腰。

其他什麼被筆K啦！書包被丟進垃圾桶啦！不是我輪值也叫我抬飯啦！叫我包掃大家的清潔區域啦等等，種種使喚不一而足，除了廁所事件我曾經跟輔導老師講過，其他的我都沒去舉報，因為校方處理態度不積極，不換環境霸凌根本不會停，而且同學被學校罵也只會對我更不利，若想好好過完三年，就必須強顏歡笑與他們周旋，反正只需順他們意，日子就不會糟糕到谷底。

人生最重要的知己

打工多年也算見過世面，上高中後我變得比較活潑，和同學也漸漸玩在一起。我急於表現世故與大人味，便跟同學三五成群在校園角落偷抽菸，還要抽濃菸才夠臭屁，嘴上沒叼 DUNHILL 紅盒、黑盒，或者 Marlboro 紅盒、日本峰菸的都不算跩。當時真的抽很大，但我很幸運沒成癮，否則張開嘴就臭烘烘，那可划不來。

同學團聊時，我常搞笑、講笑話逗人開心，她們覺得有趣，就不再拒我於千里之外，我的諧星體質就是在那時候養成的。國中同學小外和小隻，升高中後也跟我同班，以前我當邊緣人時和誰都不熟，念高中後才跟她倆熱絡起來。她們還跟國中同學小內、小花保持聯絡，我們常約在泡沫紅茶店聊天，三聊四聊越聊越投機，最後我們五個兜成了「女人幫」。

女人幫成員是會配合一起耍白癡的人，深知彼此個性，可以一起玩，能談心事，也會互相包容，就算吵架或起爭執，很快就沒事，即使堵爛一陣子，過

幾天照樣相揪大吃大喝，我們的感情像姊妹，甚至像家人，再怎麼吵也吵不走。

我們五人的相處之道是不爽就直接譙，偶爾我脾氣一來夾槍帶棒，語氣變兇或者快要出口成髒時，她們會馬上嗆回來：「哩系夘瞎毀？要不然咧！」我的王者氣勢，瞬間就氣球消風，然後大家噗哧一笑，警報迅速解除。

重視別人的不高興

曾被霸凌過，我現在特別慎選朋友，聊不來的不會嘗試硬聊，喜歡觀察久一點才決定值不值得交。我以前很單純，以為你跟他好、他跟你好，這樣就是好朋友了，後面發現對方竟然背後說閒話或者欺騙你，內心就會受傷害。現在知道沒必要為這些事難過，他們只是我生命的過客，畢竟友情堅定如「女人幫」者，一生找不到幾個。

對於正被霸凌的受害人，你一定要勇敢站出來，如果

凡事忍讓，又不去尋求外界的幫助，就會像我一樣，陰影持續許多年，甚至長達一輩子。至於那些霸凌別人的人，你們可能一時好玩，自認只是開玩笑，可是人家一點也不覺得好笑，只要心裡不舒服就不是玩笑，當你嘲笑、戲侮他人，甚至變本加厲、食髓知味時，玩笑就已經過頭，單純變質成惡意，玩笑變霸凌，如果是你自己，願意受到如此對待嗎？

在愛情裡我就是俗辣

從前的我模樣不好看，性格不討喜，受男生青睞機會不高，因此我對戀愛非常憧憬，渴望有人喜歡我，想體驗心跳加速、徹夜難眠、苦中帶甜等種種墜入愛河的情境。要想達到這個目的，只能降低對象條件，雖然不至於「活著、會動、是男的」就可以，但以我老爸為標準做選擇，實在也好不到哪裡去。

衡量男朋友的標尺

有人說，女兒認識的第一個男人是爸爸，所以多數女生找男朋友會以父親為準則去要求。我蠻認同這種說法，因為我以前交男朋友都不挑，比我爸好就行，即便外表或個性堪慮，我也不介意。唉！我爸太廢了，根本是個壞榜樣，導致我遇到的男生對我稍微好一點點，就很容易給我「他真的對我很好」的錯覺。

什麼叫「對我稍微好一點點」？就是願意接送、時常陪我，這就夠了。沒辦法！我在低標準家庭長大，選人才會這麼低標，那些擇偶條件多的女生，父親一定都很優秀，因為準繩樹立在那裡，女生不會找更差的。回頭再看我爸，形象觸底無力反彈，人家是天花板他是地板，拿他做比較，任何男生都比他好，個個都算是高標，而參考我爸衡量的結果，就是我歷屆男友都很渣。

一點都不誇張，我交過的男朋友不是醜到天際，就是無三小路用要靠我養，還有當我是提款機，不斷向我借錢的。當初我愛情至上，滿腦子裝著男朋友，

智商歸零，只覺得身邊有男朋友就是最快樂、最幸福的事，各種開銷我負擔不要緊，若有金錢上的需要，理所當然必須幫，只求他能愛我，其餘的毋需計較。

戀愛要講究斷捨離

感情要求太低，阿狗阿貓都能讓我陷下去，寧可無怨無悔奉獻，也不願失去愛情。這股傻勁與執念影響我的視力，看不清男人的真面目，等到事過境遷回首過去，才驚覺內裡外在傷很大，心靈、肉體、金錢一概受損，即傳說中的「賠了夫人又折兵」。

A君是我某任男友，雖其貌不揚但家境富有，無奈老爸娶了後母，他在家受排擠，工作又不穩定，是個慘兮兮的「負二代」。他是爛軟人，經常三做四休息，身邊一直沒錢，卻成天做夢有變厲害的那天。

還沒離家前，我們約會只能選擇在外，甚至要找最便宜休息三百的那種也是我掏錢，後來同居一起住，房租、水電全都我在付。他想養狗叫我買，飼料、就

醫也讓我包辦，以上這些我還能忍，最讓我受不了是他喜歡當控制狂，不准我跟姊妹出去，就算准了也一直奪命連環摳，弄得女人幫成員都很討厭他。

B君長得好看些，有正當工作，但不知怎麼搞的，每月都是月光族，所以房租與生活開銷照樣由我付。沒關係！不能分攤那用肉體償還也行，沒想到他竟嫌棄我，找各種理由不跟我睡覺。

這個人有妄想症，喜歡白的講成黑的，曾造謠我勾搭別的男人，隨便跟人上床，還拿他們的錢。他心計頗深，叫一堆人來給我留言蓋樓，想把沒有的事變成事實，惡毒至極！然而我依然流連不想分開，直到確定他移情別戀，才揮劍斬斷孽緣。

挑男朋友是門學問

B君揪友蓋樓事件，讓我有感而發，在保守人士眼中，女生講話不拘小節、打扮清涼性感，就容易有刻板印象，覺得這個女生一定很「開放」。或許別人

看我講髒話、舉止大膽、布料較少、身上刺青、會跑夜店，就認為我一定很愛玩，私生活不檢點，但我的本質是善良的，我很清楚自己在幹嘛！是個好女孩！

如今我成熟了，工作賺錢才是現階段重要的事，愛情的排位不再置頂，所以我找對象會挑了，不像以前那樣什麼人都好，一定要照我的條件才行。我是標準的「外貌協會」顏值控，最在意五官、身材，必須模樣帥、身高一七五，唇紅齒白長相俊俏，能有偶像歌手的外表最好。

外型講究，內在也不能含糊，我希望對象具幽默感，不然在一起會很無聊容易膩，他還必須善良、孝順、有耐性、體貼、有愛心，可以跟我的三觀契合。有些女生要求有房、有車，我不在意那些，但我希望男生要有工作與存款，不能吃我喝我還跟我借錢。

我還希望男友不打電動也不抽菸，像 C 君長得一表人才，酷似偶像明星，但他菸抽得很兇，玩遊戲也是歸剛欸，只活在自己世界，誰都不理。我寧願男友愛煮飯、愛爬山、愛釣魚等等別的事，就算一整天跑去

釣魚，至少我有魚可吃，過度沉迷遊戲，一玩起來就耳聾，講什麼都聽不見，這樣的相處真的很累！

結婚真的是終點嗎

我深刻反省，交朋友會先觀察再決定是否收編，但男朋友卻從沒經過這關，一看對眼就要在一起，天雷勾動地火就馬上立刻火速要交往，根本沒真正認識對方，每次很快陷進去，也很快結束。仔細想想，自開始談戀愛以來，我沒有空窗期過，情人一個接一個，算算也有七、八任，除了一個交往四年，其他統統有三年魔咒，甚至不乏幾星期、幾個月就莎喲娜啦！

我覺得自己感情很不穩定，所以只想買房子，沒有成家的念頭，當然若遇到適合的對象，或許我會考慮。其實，我不覺得女人非結婚不可，因為結婚不一定是幸福的歸宿，像我爸媽結婚，剩一人孤獨終老，我爺爺奶奶結婚，互相怨嘆到老，女人幫好姊妹更有離不了婚的可怕案例，如果感情真的夠好，有沒有那張證書根本不重要。

以我為借鏡，女孩們請不要太戀愛腦，別用錢討好男友，因為以後一定會後悔。男生若會動手一定要馬上分開，以免自己受傷害。光說不練，永遠一事無成的那種，也別指望他。

只有懶女人沒有醜女人

「醜小鴨變天鵝」不只是童話，真實案例亦時有所聞，我呢！應可算得上其中之一。從前我貌不出眾，直到「女大十八變」後，自信才跟著提高。正所謂「愛美之心，人皆有之」，在人們不認識你之前，先看的就是外表，容貌漂亮的人倍受矚目，說話也較有說服力；而「醜女」呢？大概沒幾個人會理你！一路走來，因皮相受累的事我遇得多了，這點我最清楚。

佛要金裝人要衣裝

媽媽五官亮麗，我笑起來有點像她，可惜隔代遺傳攪局，爺爺的大臉、阿嬤的塌鼻，一堆不好看的基因全跑到我身上；還有老爸不到一米七的身高，也害我難以突破一六五天際線。即便我媽姿色再美、身形再好，也不敵我爸這頭的頑強基因，把因子重組整合後，便造就出我這般相貌。

雖談不上美，但也不至於醜，沒生病前起碼是清秀可愛的。那時奶奶、姑姑會買衣服、鞋子來打扮我，也會綁好看的髮型，讓我漂漂亮亮去上學。當然啦！審美觀是依照她們的喜好，我年紀小又是伸手牌，沒有發言的權利。

阿嬤覺得大紅喜氣，所以我有很多紅吱吱的衣服，上面通常有刺繡，不然就是花卉圖案，或者是蕾絲、釘珠或水鑽，反正就是俗擱有力的阿嬤款式。她們還買過喇叭褲給我穿，褲管下帶一圈毛毛，跟秀場作秀一樣；也買過不少蛋糕裙，裙襬一層一層像迪士尼公主，我穿起來很是甜美可愛。

進入青春期後，有了自己的主張，我逐漸厭倦阿嬤的老土風格，想改穿時髦的潮流服飾。差不多從國三開始吧！那時已經打工一段時間，上班接觸的人多，有注意到大眾的裝扮風向，便時常盧著奶奶，要她帶我去一中街買流行穿搭。

全新改版包裝升級

除了衣著的改變，髮型也大步流星，當年最夯的玉米鬚爆炸頭必須跟風，反正在美髮店上班，想燙就燙，要多蓬鬆就有多蓬鬆，隨時隨地跟得上流行。小外是班上少數跟我有交流的人，她作風前衛，已經懂得化妝，我有樣學樣，也跑去買隔離乳、口紅等各式化妝品，在臉上塗塗抹抹畫起色彩濃重的煙燻妝。

聽說拔牙會讓臉變小，我二話不說拔掉四顆智齒，但傳說畢竟是傳說，瘦臉效果有限，最多減少發炎、蛀牙的發生率。此外，我近視眼很嚴重，這時也學習配戴隱形眼鏡，正式告別厚重的阿呆鏡架。基本上，改頭換面可以自力救濟的部分，我差不多都做完了，

之後上高中，甲狀腺手術順利恢復健康，我開始將注意力轉向醫美。

起初我先嘗試簡單的項目，像是肉毒桿菌瘦小臉，也曾做過腋下除毛，美容師說一根一根拔，長回來的速度比較慢，不過這法子痛得很！我含淚做完，之後可以自己拔，但我眼睛不中用，常常夾到肉，也總是扭到脖子。

從以前到現在，我做過的療程一拖拉庫，都是微整居多，我打過下巴、平過眼袋、注消脂針、音波拉提、電波拉提等，其中最貴是鼻子，最痛的是大腿抽脂。抽脂是抽人體現有脂肪，若做完後沒保養，例如大吃大喝再長出來，一切就會回到原點。至於隆鼻成效，那可是阿嬤認證過的，她評價是：「金水！」

透過醫美手段讓自己變漂亮，我不覺得有何不對，外在的變化可以帶動內在改變，我揮別過去拾回自信，也走出被霸凌的陰影，因為自我肯定所以容光煥發，做什麼都順利，業績更是強強滾，賺他個幾桶金都沒問題。

飲食均衡多多運動

大家都知道保持身材除了要忌口，另一個重點就是運動。我對運動的興趣不算太大，比如游泳或是健身房，做做有氧、舉重或空中瑜珈，買這些課程純粹是興趣或好玩或一時興起，不夠勤快也難以持續，故對減重幫助不大。不過我很愛跳舞，某任男友曾經嫌我胖，我一發狠就跑夜店，跳到快天亮再回去睡，睡飽了再進夜店跳，天天重複同樣的事，很快便甩肉成功，不再恐龍妹而是正妹。

吃東西注意要適量，還要多喝水，身體若水腫嚴重，有可能是喝水不夠，而且喝水皮膚也會變好。但是切記不要喝飲料，除了含糖過量影響健康，還因熱量超高很難瘦身，甚至誘發高血脂、糖尿病，最好能離多遠就多遠。

女生從愛自己開始

想讓外表漂亮，一定要做的事有三件，一是多喝水，

二要適當穿搭,三要乾淨香香的。多喝水的理由剛剛說了,適當穿搭是因為打扮得體是禮貌,可以給人良好印象,贏得信任與好感,如果衣服脫線、破洞,或者領口鬆鬆垮垮還在穿,看起來顯得邋遢沒精神,給人觀感不佳,評價大減分,所以我覺得穿著打扮非常重要,絕不可不修邊幅。

為何要乾淨香香的?因為一個人身上飄異味,真的令人退避三舍,再美也變得不美了。身為一個美女,外表一定要乾淨,指甲不卡黑垢,嘴巴張開沒口臭,牙齒不卡菜渣,也沒有沾染菸垢滿口大黃牙。試想一個漂亮美眉,打扮入時體態迷人,但眼角卻黏著一大塊眼屎、一張嘴就臭氣沖天,該有多麼煞風景啊!

女生要愛自己,對自己好一點,生活條件允許的話,就吃好吃的、買好用的來愛自己,而不是奉獻給別人,所以醫美、保養要做好,膠原蛋白要吃好,因為投資自己,穩賺不賠。

我也以過來人身分,建議大家不要太依賴化妝品,崇尚天然比化妝更好,尤其是年輕女孩,平時選用

高保濕保養品或口服保養品就行，沒必要的話做雷射治療可以緩一緩，因為容易造成皮膚敏感，擦個乳液就會泛紅或發癢。我現在不工作都盡量不化妝，好處是讓皮膚深呼吸，素顏也顯得較幼齒，有什麼比自然美女更令人羨慕呢？

有夢最美希望相隨

我曾心心念念想有個家,努力置產後,我做到了!人有夢想很重
要,設立一個未來目標,朝它邁進,過程可能很艱辛,但只要勇
敢追逐、堅持奮鬥,實現願望並非遙不可及。我的夢想不是幻想,
部分付諸行動後可望成真,部分則是欠缺際遇,不管最後是否得
到回報,我都不氣餒,再不可能我也願意大膽嘗試,為自己創造
更多機會。

愛演戲但機緣不夠

從小到大我一直懷抱著明星夢，希望成為鎂光燈焦點，才藝受到大眾的追捧與肯定。我會唱歌跳舞，對演戲也頗具信心，以前拍廣告、演小短劇，別人要重拍好幾回，我幾乎都能一次過關。參與過的作品如泰山純水《女友的逆襲》篇、中信房屋《賣火柴小女孩＝崩壞童話＝》篇、可樂果《Light TV 胆亮頻道》等，表現都蠻亮眼。

飽嘗人生酸甜苦辣，擁有超乎年齡的成熟與智慧，或許是我容易抓住角色重點，面對鏡頭放得開的原因。曾有影片創作人表示，我若好好朝戲劇發展，演技不會輸科班出身的人，可惜我沒專業經紀公司打理，很難接觸相關機會。為此，我請助理廣為留言，期待受到劇組或導演注意，也託圈內朋友幫忙，有什麼角色缺人的話，都可以叫我去演。

所有劇本來者不拒，任何角色都想嘗試，如果能與喜歡的藝人合作，更棒！包括尺度很大要全裸，或者武打場面必須親自上陣，我都不排斥，為求鏡頭

前好看、漂亮呈現，也願意針對該角色加強鍛鍊。
我無懼竊竊私語或懷疑眼光，幕前的我作風外放，
人設本來就不是乖乖牌，所以激情對戲或扮醜上線，
都無損我的形象。

我最喜歡的演員兼導演是周星馳，他演技真是一流，
角色雖是喜劇群像卻很有深度，不管刷幾遍都看不
厭。若有幸得星爺垂青，我一定讓他覺得好笑、覺得
滿意，因為我跟他都是巨蟹座，同一個 Tone 調。報
導曾說他導戲非常嚴格，但我受得了，因為我自己
也是幕前搞笑、私下嚴謹的人，我對員工也很嚴格，
這樣的工作態度沒什麼不對！

女粉絲全是我寶貝

當網紅後擁有百萬粉絲，有他們在身邊，我也嘗到
「類明星」滋味。粉絲讓我有幸福感，我很注重與
大家的互動，以前、現在是這樣，未來也不變。我
特別照顧女粉絲，她們比男粉忠心，許多男粉看到新
的漂亮網紅就會退群，但女粉絲不會。早期我走辣妹

風格時，很常被變態騷擾，想起甄嬛小主說過：「以色事他人，能得幾時好？」所以現在我努力導正，讓女生喜歡我。

女粉絲很貼心，偶爾提出問題，她們會踴躍給我意見，讓我油然而生一大群姊妹在身旁的感覺，我還創立一個 LINE 群組，方便女粉跟我交流聊天。這項特權我沒開放給男粉絲，因為男粉通常只是路過，有好看的逗留久一點，沒好看的就飄走，連按讚都捨不得。即便留言也全嘴砲，不是講「宛宛兒好棒！加油！」，而是「妳最近吃很好厚！」靠！什麼鬼？

小苗漸成參天大樹

女粉絲不光像姊妹，她們也非常力挺我的網路商店，是重要的客群與貴人。原先我只賣 NuBra，一開始只是單純想「賣看看」而已，誰知道成績超好；後來我想找一款擦了臉不會乾的乳霜，恰巧朋友覺得她的熬夜霜賣不動，將廠商推薦給我，我先叫一點貨來試賣，結果業績閃亮。之後陸續增加貼身衣物、

保健食品、南北雜貨等,種類越賣越多,版圖也越擴越大。

品牌的誕生算是無心插柳,全賴粉絲支持才有今天,目前規模除我之外僅小外、小內兩名員工,商品以優質選物為主,僅黃金流沙拌麵、蒜蓉辣椒醬是我自己委託工廠代工生產。我期許「宛宛兒」將來能變成大公司,有行銷、廣告、美術、人事等各個部門,賣的也全是自家產品。如今網店業績成長穩定,已拓展到需要租倉庫兼實體店鋪,因為有更大的壓力,我必須賺更多錢來支付租金、薪資、裝潢等種種開銷。

想賺錢就不能苛待員工,平時我喜歡給她們小驚喜,比如遇到生日、聖誕節等特殊日子會送禮物,也常帶大家去吃飯、看電影。反正當老闆時不時就要掏錢,總不可能跟我出門還叫她們自己付吧?我家員工上班還可以吃膠原蛋白呢!只要是架上產品,公司統統請客,員工不用給錢。

有吹牛嫌疑嗎?我們訪問一下員工小外:「以老闆角度來說,宛宛兒對員工是不錯的,她認為對員工好,

員工就願意付出，所以經常給我們聚餐、送禮物等小福利。她當朋友不見得會做到這些，但當老闆就很捨得給。」

再聽聽員工小內的說法：「宛宛兒是好老闆，雖然很情緒化，常常今天的決定和明天不一樣，但反正問清楚就好，而且小事情她會放權，也不太管我們怎麼休假，總結來說是不錯的，三不五時還會帶我們大吃大喝。」

以上是我家員工的真心話，絕對沒拍老闆馬屁，也沒遭受上司威脅打壓。

希望你們也很快樂

我還想開芭樂攤、按摩店、夜間髮廊，這樣就有人切芭樂給我吃、隨時可以鬆一下，也不怕半夜洗頭無處去。哇！我發現自己的夢想還有好多好多喔！即使現在有了點成績，但我還不能鬆懈，宛宛兒仍須努力！

過去的我經常自怨自艾，總有一百萬個為什麼，為

什麼我家那麼窮？為什麼我家人那麼愛賭博？為什麼我爸是酒鬼？後來發現有人境遇比我更慘，才知道痛苦是比較出來的。

我希望讀這本書的人都可以很快樂，如果你正逢低潮，請給自己訂個目標，不要一直有不好的想法，因為不好的想法會吸引不好的事情，所以請想辦法讓自己快樂，有正能量的話一定會有好事情發生，別讓不好的想法繼續糾纏你。祝福所有追夢的人！Fighting！

國家圖書館出版品預行編目 (CIP) 資料

宛轉人生向前看／宛宛兒著 . -- 初版 . -- 臺北市：大塊文化出版股份有限公司 , 2022.11
面；　　公分　ISBN 978-626-7206-13-3（平裝）　1.CST：宛宛兒　2.CST：自傳　783.3886　111014764

LOCUS

LOCUS